中学校社会科授業の ユニバーサルデザイン

鬼木 勝 著

明治図書

はじめに

　学校現場ではインクルーシブ教育、合理的配慮などの特別支援教育に関する用語が飛び交っています。しかしながら、それらが必要であることはわかっていても、通常の公立中学校では様々な業務に追われ、研究を積み重ねながら実践することは困難な状況です。「ＵＤ（ユニバーサルデザイン）の視点」（以下、「ＵＤの視点」）を取り入れた授業に関しても、これまでに多くの学校で研究され、それぞれの学校、学級で実践され、研究会や書籍等で紹介されています。しかし、「ＵＤの視点」を取り入れた授業をしたいと思っていてもなかなか実践できずに困っている教師も多いと思います。

　そのような状況の中で「よく考えてみると『ＵＤの視点』をもって取り組んできたこと」等について、必要なことをできるだけ簡潔かつ実践的に、多忙な教師に向けて提案できないか、という問題意識から本書を執筆しました。

　昨今、多くのベテラン教師が退職し、若い教師が増えています。若い教師だけでなく、経験のある教師も「働き方改革」に意識を向けていく必要があります。

その中で、教師側の授業等の研究を「ＵＤ化」する必要もあります。例えば、研究授業の指導案などの資料作成に多くの時間を費やしてしまうことで、時間外労働が増えてしまっている教師も少なくないと思います。

本書はそんな教師のためにちょっとした時間で、わかりやすく気軽に実践できるような内容を紹介したつもりです。

多忙な中でも何か前に進みたいと考えている教師の参考になってくれたらと願っています。

２０２２年12月　鬼木　勝

もくじ

板書の工夫

ノート・ワークシートの工夫

資料提示・活用場面での工夫

調べ活動・話合い活動場面での工夫

学習のまとめ・振り返り活動場面での工夫

第3章　「UDの視点」でつくる社会科授業の指導案づくり

第4章　「UDの視点」でつくる社会科授業の実践例

第1章

「UDの視点」でつくる社会科授業

1 「UDの視点」とは

「UDの視点」を取り入れた授業で一番大切なことは、「どの生徒も安心して授業に参加できること」です。日常の授業を実践する中で、「今日はこの内容を終わらせなければならない」「定期テストがあるのでこの内容は教えなければならない」など、教師の都合で授業が進み、生徒が置いてかれてしまうことがあります。そのような授業では「生徒が授業に集中せず、つまらなそうにしている」「生徒が考えを深められるようにグループでの活動を取り入れたが上手くいかない」「生徒が学習課題に対して自分の考えをまとめて発表することができない」などの状況が見られます。この状況を解決するために、「UDの視点」を取り入れた授業を行う必要があります。

「UDの視点」を取り入れた授業については、これまでにも数多くの研究や授業実践があり、学会や研究会、書籍などで紹介され、全国の学校で実践されています。私自身もその実践者の1人です。しかし、多くの現場の先生方は日々とても忙しいため、研究する暇もなく、「『UDの視点』を取り入れた授業を実践したい」と思っていても「まず、何をする必要があるのか」「教室環境を整えることもUDになるのか」などの悩みや疑問をもちながら授業を実践しているかと思われます。「UDの視点」を取り入れた授業を実践するにあたり、「学習環境の整備」「焦点化」「視覚化」「共有化」の視点を意識し、「継続性」をもって授業をつくる必要があります。そこでまず、「UDの視点」を取り入れた授業についいて、次の四つの視点を授業の構成要素として提案します。

視点1　学習環境の整備

・机の周りをきれいにする
・自分の棚は整理整頓する
・1日の連絡等が書かれた予定ボードは教室内の側面に掲示する

「学習環境の整備」では、生徒が落ち着いて授業に参加できるように、教室内の机の周りにあるバック等の荷物を整理して、余計な刺激を減らし、学習に集中できるようにします。また、前面の板書に集中できるように、1日の連絡等が書かれた予定ボードは教室内の側面に掲示します。

視点2　焦点化

・本時の主な学習内容や活動に見通しをもてる「めあて」を提示する

「焦点化」とは、学習内容や活動に見通しをもたせ、わかりやすくすることです。単元や本時で生徒につかませたい内容を明確にし、また、発問もわかりやすく具体的なものにします。授業を進める際には、本時の学習内容や活動に見通しがもてる「めあて」を提示するなどの工夫をします。教室で授業を行う場合には「めあて」を板書することも有効です。

視点3　視覚化

・黒板を見やすくするために、チョークの色やレイアウトを工夫する
・タブレット、実物投影機などのICT機器を活用して教材を見やすくする

・各教科の特性に応じて、ノート・ワークシートなどの書き方をある程度パターン化する
・話合い活動のためのマニュアルを提示・活用して、どの生徒も参加できるようにする

「視覚化」とは、生徒に与える情報を具体化するために「ビジュアル」を意識した「視覚的支援」を行うことです。見やすい板書や資料の提示、特にＩＣＴ機器を活用して「視覚的支援」を行うことはとても有効です。

さらに、授業を進める際には、各教科に応じてノート・ワークシート等の書き方をある程度パターン化することも大切です。また、話合い活動などを行う際には、話合いを進める方法のマニュアルを作成して、どの生徒も話合いに参加できるような工夫も必要です。

視点４　共有化

・ノート、プリント、作品などを発表する
・話合い活動などを通して、自分の考えを共有し、表現できる活動を取り入れる

「共有化」とは、お互いの考えを伝え合い、確認し合うことで、学習内容を「シェア」することです。生徒一人ひとりが、自分の考えを共有し、表現できる「表現活動」を各教科の特性に応じて取り入れることです。

以上、四つの視点を取り入れた授業を「継続性」をもって行うことで、どの生徒にも「わかる授業」の実践が可能になると考えられます。

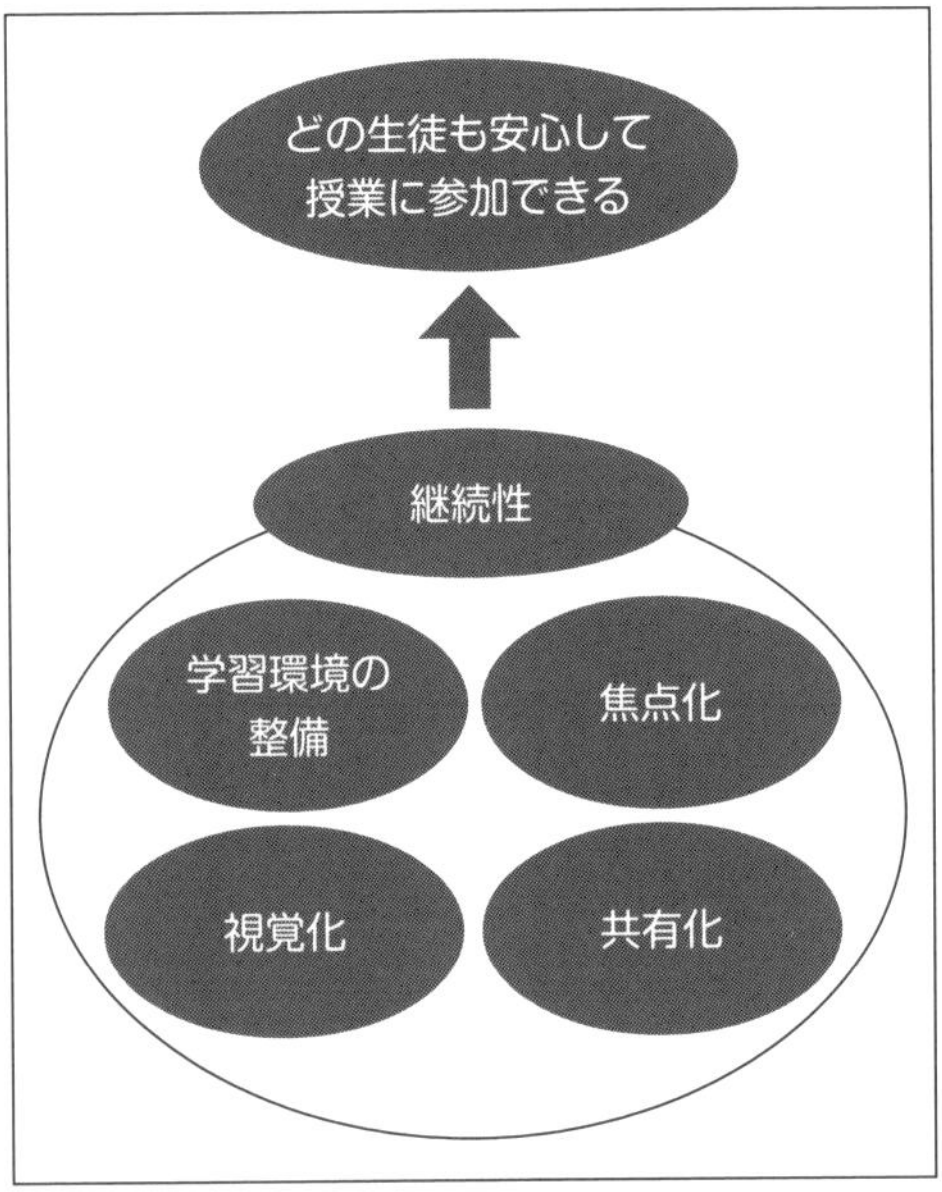

2 社会科授業で誰一人取り残さない授業を実現するために

社会科授業において、誰一人取り残さない、どの生徒も安心して参加できる授業を実現するためには、「ＵＤの視点」を取り入れた授業を年度の始めから、同じパターンで継続することが大切です。例えば、学力が高い生徒はどんな形態の授業でも、例を１、２回提示すれば、独力で文章を書くことができます。しかし、特別な支援が必要な生徒は、常に同じパターンで文章を書くことを積み重ねることで、徐々に独力で文章を書けるようになります。つまり、授業を同じパターンで進めることで、どの生徒も安心して、文章を書くことができるようになります。

授業の始めに「めあて」を提示し、これから取り組む課題を説明します。グループでの話合い活動で課題についての自分の考えを共有する場面を設けます。その際、どの生徒も自分の考えをまとめられるようにします。最後に本時を振り返り、「まとめ」をします。

このような授業を継続できれば、生徒に細かな説明や指示をしなくても、学級全体として生徒が授業を主体的に進めることができます。また、個別に支援が必要な生徒に、教師が支援する時間をつくることが可能になります。教師にとって理想的な授業だと思います。

また、短時間で自分の考えをまとめて表現できるようにします。これまでの授業実践を見ていると、膨大な時間をかけて調べ活動を行い、表現する活動が多く見られます。確かに学習内容を深められますが、特別な支援が必要な生徒にとっては、自分の考えをもつことができず、苦痛な時間となっています。そこで、短時間でわかりやすく表現できる課題を設定します。中学校であれば、まず「意見を出させる」、次に「出された意見に対して、自分はどう考え、どの意見に賛成するかをまとめる」、さらに「質疑応答や討議をして、妥当性を検討する」というように、教師側が学年ごとの発達を考えながら、段階を追って授業を進めることが大切です。

支援が必要な生徒だけでなく、どの生徒も段階を追って自然に安心して授業に参加できるようにすることが「UDの視点」を取り入れた授業の最大の目的です。教師側は「学習環境の整備」「『めあて』の提示による焦点化」「板書等での視覚化」「グループでの活動による共有化」等、「UDの視点」を明確にもちながら日常の授業を実践することが求められます。

第2章

「UDの視点」でつくる社会科授業の工夫32

1 「視覚化」＋「継続性」で学ぶ環境づくりをルーティン化する

❶ 机の位置を「視覚化」するために床にしるしをつける
❷ 「継続性」をもたせ、生徒が自分で机の位置を揃えられるように促す

❶ 机の位置を「視覚化」するために床にしるしをつける

通常の教室には30～40個の机・椅子が並べてあります。授業の前の休み時間で、机・椅子がバラバラになっていることがほとんどです。バラバラになっていることで、休み時間からの気持ちの切り替えが難しく、生徒が授業に集中できないことがあります。休み時間からの気持ちの切り替えは授業を進める上でとても大切なことです。特に支援が必要な生

徒にとって気持ちの切り替えがしやすいことは重要です。そこで、まずは教室に入ったときに教卓から机・椅子の並びの様子を見てください。そしてまずは「机を揃えてくださ い」と呼びかけてから毎時間の授業を始めます。

しかし、いきなり「机を揃えてください」と呼びかけたとします。ある程度は揃えられるかもしれませんが、やはり少しずつずれてしまいます。その度に「もっと真っ直ぐ並べてください」と呼びかけても生徒は困ってしまいます。ましてや支援が必要な生徒は何が何だかわからなくなりパニック状態になるかもしれません。そこで、「視覚化」することで机をきれいに並べられるようにします。教室の床の状況にもよりますが、机の前端を揃える場所に水性マジックでしるしをつける方法は有効です。机の配置が気になってしまう生徒もきれいに並んでいると安心して授業に集中して参加することができます。学級担任としては必ずチェックしたいポイントです。

❷「継続性」をもたせ、生徒が自分で机の位置を揃えられるように促す

生徒が安心して過ごすためには「継続性」が必要です。学級の生徒の状況に応じて「机を揃えてください」という呼びかけを毎日、毎時間の授業で繰り返すことが大切です。こ

の期間が1か月、半年、1年になるかはわかりませんが、根気強く「継続性」をもって取り組む必要があります。支援が必要な生徒にとって、同じ活動を繰り返すことは安心して授業に参加する準備をすることにつながります。「継続性」をもって取り組むことで、授業の前に「机を揃えてください」という呼びかけをしなくても、授業前に生徒が自ら自然に机をしるしに合わせてきれいに揃える姿が多く見られるようになります。「UD化」の醍醐味を感じられる場面です。是非、「継続性」をもって取り組んでほしいです。

生徒の自主性を維持するためには、生徒の自主的な取組に教師が気づき、意識的にほめることが大切です。できた際には「とてもきれいに机が並んでいますね」とほめることが大切です。生徒は教師にほめられることで自己肯定感が高まり、学ぶ環境づくりのルーティンができます。このルーティンは支援が必要な生徒にとっても心地よいものになります。

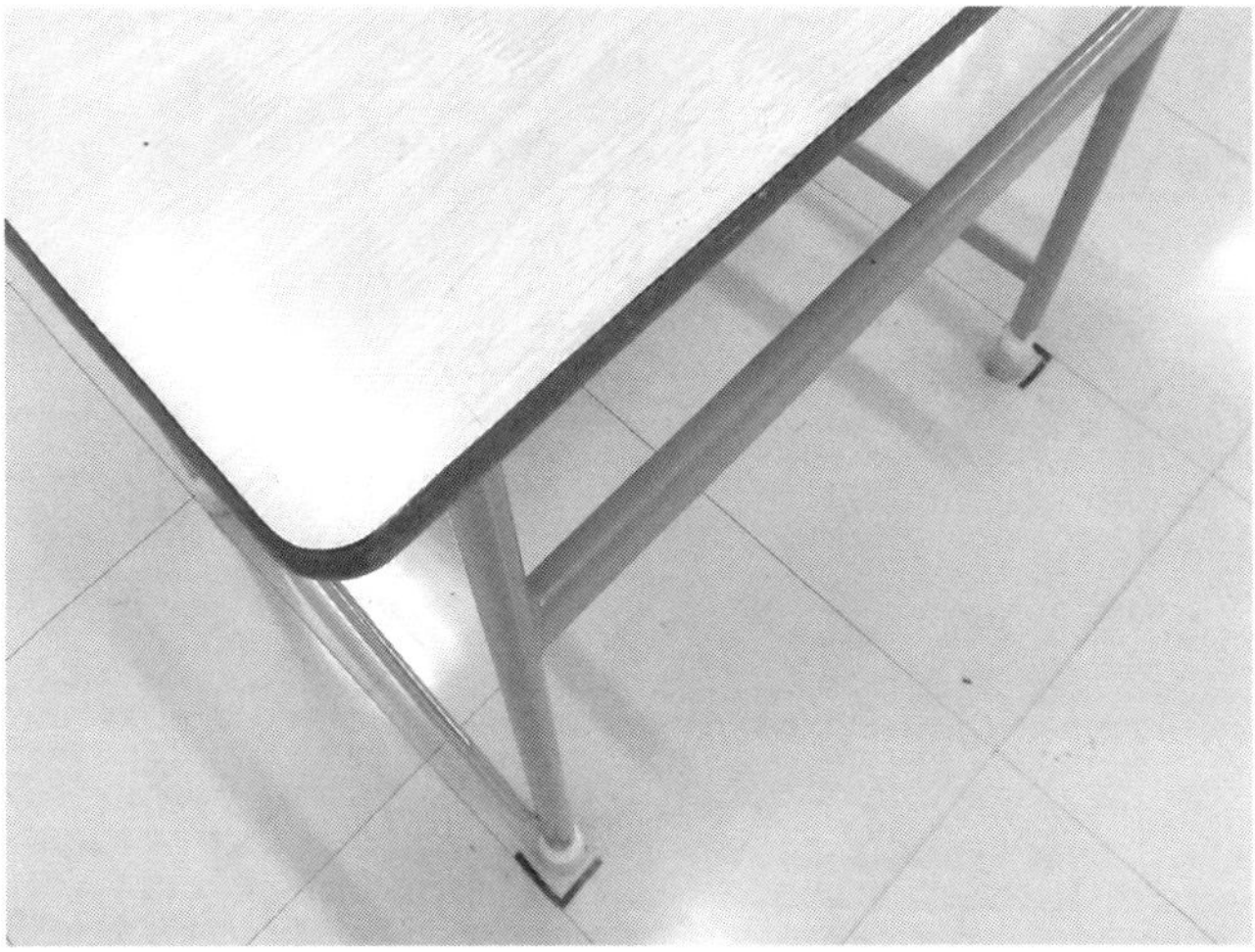

床にしるしをつけ、揃える位置を「視覚化」する

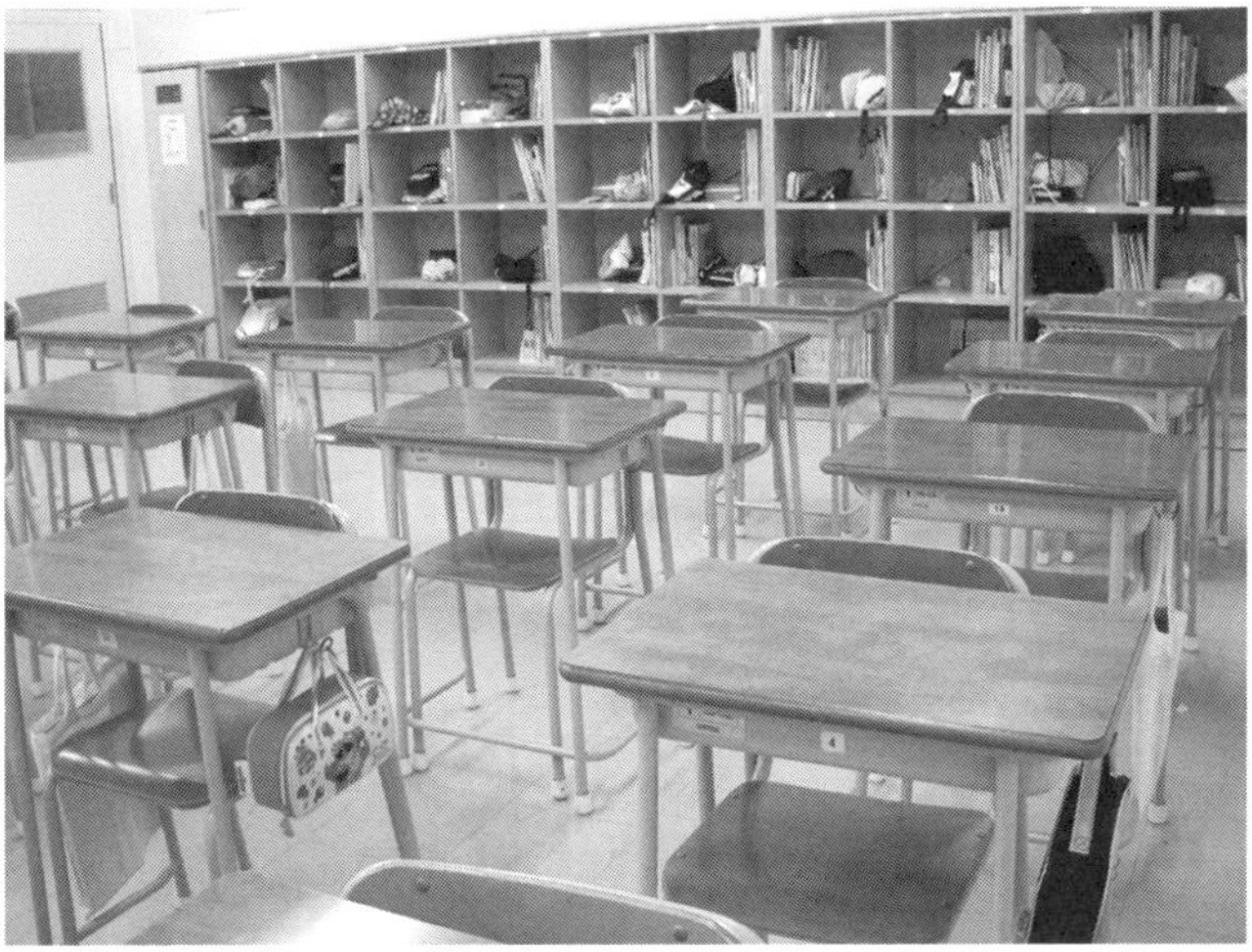

継続することで生徒のルーティンにつながる

2 棚の中、机周りを整理する

❶ 棚の中を整理することで、授業の準備がスムーズになる
❷ 机周りを整理することで、授業の「流れ」がスムーズになる

❶ 棚の中を整理することで、授業の準備がスムーズになる

中学生が学校で使用する道具はとても多いです。この多い道具をどうするのか、学級担任として考える必要があります。例えば、棚に無造作に教科書や資料集、ファイルなどが入っていることがあります。ファイルからはプリント類がはみ出てぐちゃぐちゃになっている……。そんな状況が続くと教科書やファイルはどんどんボロボロになります。さらに、

学級が落ち着いていない場合は棚からものがなくなるなどのトラブルにつながることもあります。また、片付けが得意でない生徒は自分の持ち物をどこに置いたかがわからなくなり、困ってしまうこともあります。

そこで、学級担任として「棚をきれいに片付けてください」と呼びかけを行うこともあると思います。このとき、「きれいに」というのが具体的にどんな姿なのかをきちんと示す必要があります。「きれいに」なっている棚の写真を掲示したり、「きれいに」している他の生徒の棚を見せたりするなど「視覚化」した上で学級担任が一緒に棚を整理するなどの支援をする必要があります。また、ブックエンドを活用して棚の中を「きれいに」することで、教科書やファイルが整理され、どこに必要なものがあるのかがすぐにわかるようになります。棚の中を「きれいに」することができたら「すごくきれいになりま

整えられた棚の様子

したね」とほめることが大切です。ただ、次の日にはまた整理されていない状況になることもあります。棚の整理についても「継続性」をもって取り組むことが必要です。毎日、「棚をきれいに片付けてください」と呼びかけ、学級担任が一緒に棚を整理する支援を続ける必要があります。棚を「きれいに」整理することで、授業の準備がスムーズになり、落ち着いた雰囲気をつくることができます。

❷ 机周りを整理することで、授業の「流れ」がスムーズになる

授業を進める中で、授業の「流れ」をスムーズにすることは大切です。例えば、授業で使わないものが机の上に置いてあると、机からものが落ちて生徒の気が散ってしまったり、机の横に荷物があると、グループでの活動をする際に荷物が引っ掛かり机をきれいにくっつけることができなかったりします。すると、授業の「流れ」が止まってしまいます。授業を始める際には、まず、「今日の授業では、教科書とノート、筆記用具を使います。他のものは机の中に入れてください」と伝えます。机の横にある荷物も棚に入れておくように指示します。机の上に必要なものだけを置くことで、生徒は授業に集中する準備ができます。そして、授業を始める前に全員の机の上を確認して、授業に集中する準備ができて

いない生徒がいれば、その場に行って一緒に片付ける支援をする必要があります。

グループでの活動を行うときも机の横の荷物を最小限にしておくことで、スムーズに机を動かし、スムーズに元に戻すことできます。

授業を進める際には、「流れ」を大切にして、机を動かすこともスムーズにできるようにしておくとよいでしょう。

グループでの活動のときの机の形

机周りが整ったことでスムーズな学習活動に

3 黒板周りや掲示物、清掃道具等を整理する

❶ 学習に集中できるように黒板周りや掲示物を整理する
❷ 日常の清掃活動でも整理を意識する

❶ 学習に集中できるように黒板周りや掲示物を整理する

生徒が授業に参加する際にまず目に入るのは黒板です。その黒板に前の時間の内容が残っていたり、黒板周りに授業に必要ないプリントが貼られていたり、チョークの跡が残って汚れていたりすると、それが気になってしまう生徒は授業が始まる前に注意が散漫な状態になります。黒板の横や前の棚には荷物が積んであることもあります。この多い荷物を

どうするのか、学級担任として考える必要があります。

また、教室にある予定表には、生徒にとって必要な情報があるため、「焦点化」「視覚化」してきれいに見やすいように記入する必要があります。

係や委員会活動、学級通信、連絡事項等を伝える掲示物についても整理した状態にしておきます。

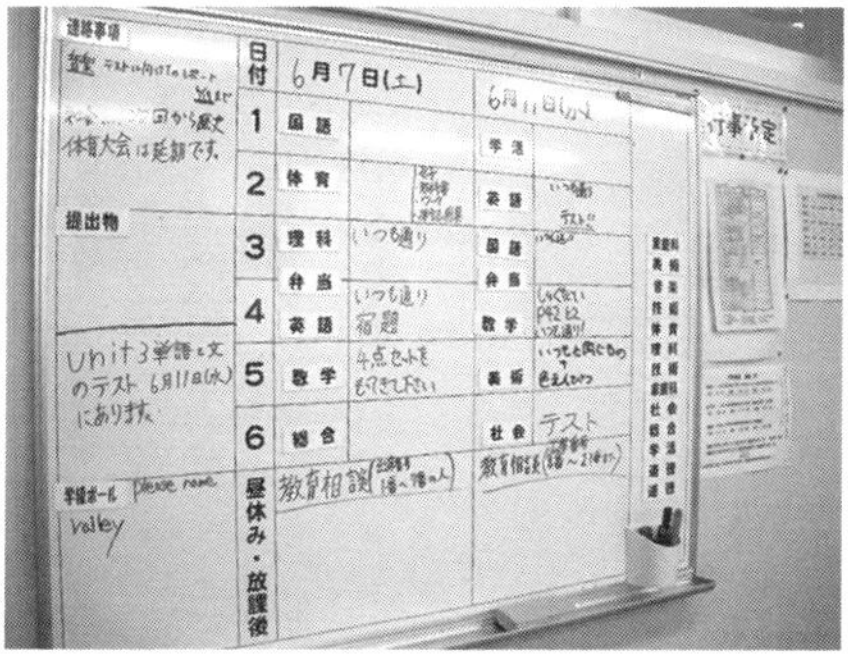

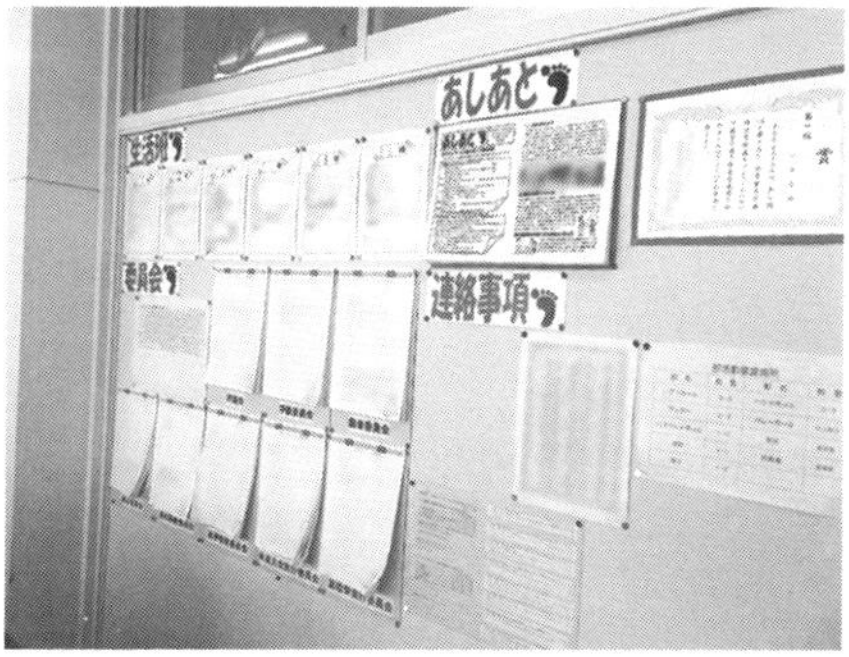

教室の様子

❷ 日常の清掃活動でも整理を意識する

生徒が安心して授業に参加できる学習環境を整備するためには、日常の学級経営の中で、清掃活動にも重点をおく必要があります。いくら「ＵＤの視点」を取り入れながら授業を実践しようとしても、その活動を支えるためには、学級経営の積み重ねの取組が必要です。

そこで、日常の清掃活動にも「ＵＤの視点」を取り入れます。清掃の仕方を「焦点化」「視覚化」してわかりやすいように説明したプリントを生徒に提示します。清掃活動においても、どの生徒も安心して取り組めるように、「何を」「どのように」など、清掃の仕方を提示する必要があります。

「ＵＤの視点」を取り入れた授業を実践していく上で、学級経営はとても大切です。日常の清掃活動に「ＵＤの視点」を取り入れながら、どの生徒も安心して授業に参加できるように学習環境を整備します。

「清掃《せいそう》の手順」

～そうじ上手になろう～

〈共通〉

●始めに、清掃《せいそう》開始前と清掃《せいそう》終了時には、担当の先生のところに集合します。

●そうじ当番以外の人は、その場にいないようにしましょう。

〈教室でのそうじの手順〉

1. 机・椅子《いす》を教室の後ろに移動させます。
2. 床をきれいに掃《は》きます。
3. 雑巾《ぞうきん》で、水ぶきします。雑巾《ぞうきん》はきれいに洗い、かたく絞《しぼ》ります。
4. 机・椅子《いす》を教室の前に移動させます。引きずらないように注意しましょう。
5. 手順2・3を繰り返します。(床掃《は》き、雑巾《ぞうきん》がけ)
6. 机・椅子《いす》を、列を揃《そろ》えて並べて（床のマス目に合わせます)、椅子《いす》を下ろします。
7. 黒板をそうじします。溝《みぞ》もきれいにします。
8. カーテンを開けて、窓の施錠《せじょう》をしましょう。
9. 最終点検をします。(雑巾《ぞうきん》かけ、黒板、ホワイトボード、みんなのロッカー、机の中)

〈廊下・階段でのそうじの手順〉

●床を掃《は》き、雑巾《ぞうきん》（モップ）等で水ぶきします。

●週に1回、ごみ箱のごみを捨てます。

4 落ち着いて過ごすための学校生活のルールを提示する

❶ 朝の会・帰りの会などの学活のルールを決める
❷ 日常の清掃活動でもルールを意識する

❶ 朝の会・帰りの会などの学活のルールを決める

どの生徒も落ち着いて学習に取り組み、学校生活を送ることができる……。学級経営の基本中の基本となるもので、どの学級担任も望んでいることでしょう。そこで、学校生活を落ち着いて過ごすためのルールづくりはとても有効です。ルールがあることによってどの生徒も落ち着いて過ごすことができるため、指導する学級担任にとっても役立ちます。

例えば、朝の会・帰りの会などのルールをわかりやすく示すことです。学校生活の中では、朝の会・帰りの会はとても短い時間ですが、毎日パターンを変えずに繰り返し、定着させることで、どの生徒も安心して学校生活を過ごすことができるようになります。朝の会・帰りの会を生徒の自治的な活動の場として、毎日継続して「これから朝の会を始めます」「これから帰りの会を始めます」と進められるようにする必要があります。学級担任にとって学級の生徒の様子を見るためにとても大切な時間です。

(1)朝の会・帰りの会のマニュアルを作成し、活用する

朝の会・帰りの会は、基本的に生徒が主体で進めることが理想です。週直や日直など学級で決められた当番を誰でも行えるようにしておくことが大切です。誰でも安心して進めることができるようにするためには、わかりやすい進め方のマニュアルが必要です。始めのあいさつから１日の予定や反省、教科の係や各委員会からの連絡や報告、そして学級担任からの連絡事項、終わりのあいさつなどを毎日繰り返し、パターンで行うことが重要です。

(2) 生徒が自分の考えや意見を述べられるようにする

帰りの会で、生徒は日直などの生徒からのメッセージをよく聞いていることが多いです。朝の会・帰りの会を生徒が主体となって「継続性」をもって行うことで、自分の考えや意見をはっきりと自信をもって言えるようになり、授業での発表場面にも生きてきます。

❷ 日常の清掃活動でもルールを意識する

「清掃道具と雑巾は決められた場所に片付けましょう」と清掃道具や雑巾の片付け方などを「視覚化」し、ほうきの柄の向き、雑巾の掛け方などをわかりやすく提示します。

(1) 清掃道具入れの中をチェックする

チェックを徹底することで清掃道具入れは常に整理された状態になり、日常の清掃活動をスムーズに行うことができます。雑巾掛けも同様にチェックを徹底することで、雑巾がきれいに干された状態になり、次に使うときにスムーズに使うことができます。

ほうきの種類にもよりますが、柄は基本的に上に向けておくと先がつぶれないので長く使うことができます。雑巾についても洗濯バサミを活用していつもきれいに干しておくとよいです。清掃道具がいつもきれいな状態だと、どの生徒も安心して使用することができるため、日常の清掃活動をスムーズに行うことができます。

(2) ごみ箱は廊下に小さく、数は少なめに

プリント等は必ず自宅に持ち帰ること、教室で出すごみは最低限にすることを生徒に意識させています。

学校にごみ箱がたくさんあることで、生徒も意識せずごみを多く出してしまうことがあります。そこで「学校でごみを多く出さないためにごみ箱は少なくする」という逆の発想が必要になります。

例えば、教室にはごみ箱を置かずに廊下に小さめのごみ箱を数をなるべく減らして準備してみてください。また、ごみ箱にふたをつけることでむやみにごみを捨てることが少なくなります。

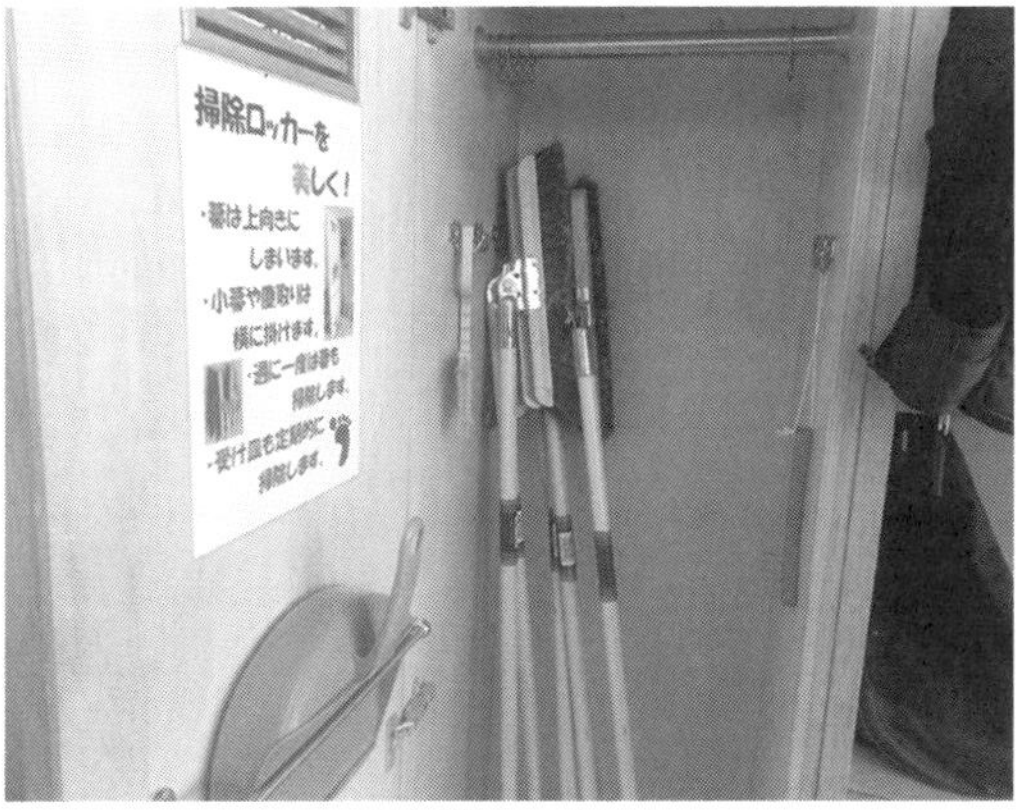

清掃道具の整理

学習環境の工夫
課題の工夫
発問の工夫
板書の工夫

5 単元づくりのための「UDパーツ」を意識する

❶ 単元づくりのための三つの「UDパーツ」を明確にする
❷ 「UDパーツ」ごとに身に付けさせる「評価の観点」を明確にする

❶ 単元づくりのための三つの「UDパーツ」を明確にする

社会科授業を進める上で、まず大切なことは単元を通して学習課題を解決していけるようにすることです。単元を通した課題を解決する学習により、「知識・技能」「思考・判断・表現」「主体的に学習に取り組む態度」の確実な習得・育成を図り、社会科として必要な「公民としての資質・能力の基礎を育成する」ことが目標になります。

そこで大切なことは、単元を通した課題を解決する学習を進める際に、生徒が学習課題に対して「知りたい」「わかりたい」と「価値」を感じられるようにすることです。この「価値」は学習意欲を起こさせる根幹になります。

「UDパーツ」その1

「見出す段階のパーツ」……学習課題をつかませる

「UDパーツ」その1では、まずはどの生徒にも学習課題に「価値」を感じさせるために、何を解決する必要があるのかをわかりやすくつかませます。

「UDパーツ」その2

「見通す・追究する段階のパーツ」……学習課題を解決するための見通しをもたせる

「UDパーツ」その2では、これまで学習してきた内容や方法を振り返り、学習課題に対する自分の考えをもたせます。そして、課題を解決するための見通しや意欲をもたせます。さらに、学習課題を解決するために必要な資料を収集したり、グループで話し合ったりすることも必要です。この対話的な活動によって、学習課題を解決するための思考を深めることができ、どの生徒も安心して学習課題を解決することができます。

「UDパーツ」その3

「広げる段階のパーツ」……学習課題を追究・解決したことを応用する

「UDパーツ」その3では、学習課題について解決したことをまとめ、社会との関わりや身近な生活へと広げたり応用したりする方法を考え、表現します。

地理的分野における「世界の諸地域」の「アジア州」の単元を例に説明します。「アジア州の国々（特に中国・インド）の工業化が進んだ一番の理由を決めよう」という課題では、まず、「見出す段階のパーツ」では、「アジア州ってどんなところか」という課題から生徒にアジア州への興味をもたせ、アジア州の工業化が進んだ理由を考えさせます。次に、

「見通す・追究する段階のパーツ」では、課題を解決するために、主にアジア州の工業化に関連した地図や統計資料を用いた学習を展開し、見通しをもたせます。そして最後に、「広げる段階のパーツ」では、アジア州の工業化が進んだ理由について自分の考えや今後の課題などをまとめる学習を行います。

❷「ＵＤパーツ」ごとに身に付けさせる「評価の観点」を明確にする

三つの「ＵＤパーツ」を組み合わせて単元を構成することで、生徒が課題を「見出し」、その課題をどのように解決するのか「見通し」、この方法で解決しようと「追究」しながら、課題を解決することで自分の生活に「広げる」ことができます。ここで忘れてはならないことは、単元の学習を通して身に付けさせたい「評価の観点」を意識することです。楽しく活動しているけれど何が身に付いているのかわからない授業は多く見られます。例えば、「見出す段階のパーツ」で「知識・技能」、「見通す・追究する段階のパーツ」「広げる段階のパーツ」で「思考・判断・表現」「主体的に学習に取り組む態度」など、「ＵＤパーツ」ごとに身に付けさせる「評価の観点」を明確にしておくことが重要です。

6 1時間の授業をスムーズに進めるための「15分UDパーツ」をつくる

❶ 授業をつくるための三つの「15分UDパーツ」を仕組む
❷ 「15分UDパーツ」から1時間の中で評価する観点を明確にする

❶ 授業をつくるための三つの「15分UDパーツ」を仕組む

ここでは、1時間の授業をスムーズに進めるための「15分UDパーツ」について紹介します。1時間の授業を進めていく際に、一つの学習活動が長くなりすぎて、スムーズに進まなくなることがあるかと思います。生徒が学習活動に集中できる時間は約15分程度と考えていきます。そこで、説明を聞くこと、話合い活動をすること、ノート・ワークシートを書くことなど、授業における学習活動を15分ごとに区切り、「15分ＵＤパーツ」として仕組みます。

「15分ＵＤパーツ」その１
「つかむ段階のパーツ」……学習環境の確認と学習課題をつかませる

「15分ＵＤパーツ」その１「つかむ段階のパーツ」では、授業を始めるときに学習環境の確認をすること、どの生徒にも「知りたい」「わかりたい」「なぜだろう」と「価値」をもたせるために何を解決すればよいのかをわかりやすくつかませる活動を行います。

「15分ＵＤパーツ」その２
「つくる段階のパーツ」……学習課題を解決するために資料の収集やノート・ワークシートに書く活動、グループでの話合い活動をする

「15分ＵＤパーツ」その２「つくる段階のパーツ」では、学習課題を解決するために必要な資料を収集させ、ノート・ワークシートに自分の考えや学習課題を解決するための見通しを書かせる活動を行います。タブレットや大型テレビで「視覚化」した資料を提示をすることや自分の考えをまとめさせる活動が有効です。また、自分の考えをグループでの話合い活動で「共有化」します。

「15分UDパーツ」その3

「まとめる段階のパーツ」……本時の学習でわかったことをまとめ、振り返りを行う

「15分UDパーツ」その3「まとめる段階のパーツ」では、本時の学習課題について解決したことをまとめさせるとともに、わかったことや感想を書かせることで本時の振り返りを行います。

地理的分野における「日本の諸地域」の「中部地方」の単元を例に説明します。「なぜ長野県諏訪地域で寒天づくりがさかんなのか」という課題では、まず、「つかむ段階のパーツ」では、これまで学習した中部地方の地域的特色を振り返り、「ところてん」「寒天」

「天草」の実物を見せることで課題への興味をもたせ、諏訪地域で寒天づくりがさかんな理由を考えさせます。次に、「つくる段階のパーツ」では、課題を解決するために、「自然環境」「歴史的背景」「地域間の結びつき」の視点からヒントになるような資料を収集し、自分の考えをまとめ、グループでの話合い活動で意見をまとめます。そして最後に、「まとめる段階のパーツ」では、「なぜ長野県諏訪地域で寒天づくりがさかんなのか」について、振り返りとして本時でわかったことや感想をノート・ワークシートにまとめます。

❷「15分ＵＤパーツ」から1時間の中で評価する観点を明確にする

1時間の中でも「評価の観点」を生徒に意識させることは重要です。指導案を見ていると「知識・技能」「思考・判断・表現」「主体的に学習に取り組む態度」の三つを評価していく記述がよく見られます。しかし、実際には、1時間の授業では一つの観点に重点をおいて評価します。例に挙げた中部地方の授業の「なぜ長野県諏訪地域で寒天づくりがさかんなのか」についての課題では、「思考・判断・表現」の観点で、「自然環境」「歴史的背景」「地域間の結びつき」の視点から考察し、自分の考えを記述していることを評価規準にする、などが考えられます。

7　生徒の日常生活、これまでの学習から課題を提示する

❶ 身近でわかりやすい課題を提示する
❷ これまでの学習から課題を提示する

❶ 身近でわかりやすい課題を提示する

社会科授業に限らず、生徒が学習課題に対して、「この学習は自分には関係のないことである」「この学習はどんなことに役に立つのだろうか」「入試には出ないから」など、自分の課題として考えることができず、学習活動への意欲を高めることができていないことはよくあります。特に支援が必要な生徒は意欲を高めることが難しいです。そこで、多く

の教師は生徒の学習への意欲を高めるために、日常の授業で教材や発問等を試行錯誤しながら授業を実践していると思います。その際、生徒にとって「身近でわかりやすい課題」を提示することが大切です。また、生徒にどれだけ課題を身近に感じさせることができるかも重要です。

地理的分野の「世界の諸地域」や「日本の諸地域」の単元では、それぞれの地域の動画やオリンピックやサッカーワールドカップなどのイベントの例示、自分が旅行会社の社員になって旅行プランをつくる活動などを取り入れることで「世界の諸地域」や「日本の諸地域」を身近に感じさせることができます。他にも「地域調査の手法」「地域の在り方」では、自分の校区の地図や統計資料を活用することが考えられます。

歴史的分野の「身近な地域の歴史」の単元では、自分たちの住む地域の歴史的な事象について調査することはとても有効な学習活動です。それぞれの歴史的な事象について、実物教材を活用することで生徒の意欲を高めることができます。テレビ番組などの動画を活用することも生徒に歴史的な事象を身近に感じさせる上で効果的です。また、生徒に歴史上の人物の立場になったことを想定させてロールプレイを行わせることや「もし○○が○○だったらどうなっていただろう」などの活動を行うことで、歴史的な事象を身近に感じさせることができます。

公民的分野では、現代社会にある様々な課題について取り扱います。教師の視点では身近に感じることができるため、授業を進める中で何となく生徒に知識を伝えられたような、理解させたような気持ちになります。しかし、実際には、生徒自身は授業で取り扱われた学習課題がどのようなものなのかをわかっていないことが多いです。そこで、生徒の日常生活の中でも起こり得るような身近でわかりやすい事例を取り上げる必要があります。「消費税は上げるべきか」「裁判員制度に賛成か反対か」「模擬裁判をやってみよう」「模擬投票でどの政党に投票するか決めてみよう」「自分の地域に必要なことは何か」などの課題は最適です。生徒が「なるほど、このように解決すればよいのか！」と実感できるような課題である必要があります。

❷ これまでの学習から課題を提示する

ここでは、生徒に課題を提示する際に、これまでの学習を生かした課題を提示する方法について紹介します。単元全体を見通しながら、前時の学習の振り返りから課題を提示する方法やこれまで学習した別の単元の学習から課題を提示する方法があります。

例えば、地理的分野では「前時に学習した関東地方の交通と地域の産業の関係について考えましょう」などがあるでしょう。歴史的分野では「前時は室町時代の文化について学習しました。現代にもつながる文化はどんなものがあるでしょう」、公民的分野では「前時は少子高齢化について学習しました。少子高齢化による社会保障について必要なことを提案しましょう」などが考えられます。他にも単元を通した学習のまとめとして、歴史的分野では「単元の始めに、なぜ江戸時代は二六〇年あまり続いたのかを考えました。本時はこれまでの単元の学習をもとにもう一度、なぜ江戸時代は二六〇年あまり続いたのかについて自分の考えを発表しましょう」というように課題を提示する方法が考えられます。

このように「前時の学習の振り返りからの課題」を提示する方法、「単元を通した大きな課題」を提示する方法などが有効です。その中で、これまで行った「焦点化」「視覚化」「共有化」した授業で身に付けさせた「知識・技能」「思考・判断・表現」「主体的に学習に取り組む態度」が、別の課題でも、どの生徒も活用できるように「焦点化」した課題を提示する必要があります。

8 生徒にとってわかりやすい「めあて」を掲示する

❶ 授業の活動・内容がわかる「めあて」を提示する
❷「めあて」の継続的な提示により生徒が自ら「めあて」を設定する

❶ 授業の活動・内容がわかる「めあて」を提示する

授業が始まる際に生徒が気になることは「今日はどんな授業をするのだろう」「どんなことができればよいのだろう」など、その日の授業の活動・内容です。「今日の授業はどんなことをするのですか」と質問がくることはよくあります。これらの質問に対して「今日は関東地方の特色について行います」や「今日は鎌倉幕府の成立について行います」などの抽象的な返答をすると生徒は授業の活動・内容がイメージできず、授業に対する意欲が低下してしまいます。そこで、授業の活動・内容、そして授業のゴールが明確にわかるように「焦点化」した「めあて」を提示することが大切です。

授業の活動・内容を「焦点化」した「めあて」とは、「どんなものを使って」「どんな内容を」「どんな学習活動で」「どうしていけばよいのか」がわかる「めあて」です。

《「めあて」の基本スタイル》

～を通して（教材・手段）～を（について）（学習内容）～しよう（学習活動）

例えば、先程の「今日は関東地方の特色について行います」は「今日は関東地方の工業出荷額の資料を通して、工業製品の変化について学習プリントにまとめよう」、「今日は鎌倉幕府の成立について行います」は「今日は幕府の仕組みの資料を通して、鎌倉幕府の政治についてグループで発表しよう」など具体的な「めあて」を提示することで、生徒は「資料を見ながら関東地方の工業製品の変化について学習プリントにまとめる活動をしたらよいのか」「鎌倉幕府の政治についてグループで発表すればよいのか」とわかり安心して授業に参加することができます。

また、「めあて」を提示することで、この時間は「知識・技能を習得する活動」「思考・判断・表現を高める活動」であることを生徒に意識させることができます。

❷「めあて」の継続的な提示により生徒が自ら「めあて」を設定する

「UDの視点」を取り入れた授業を実践する際には、生徒が安心して授業に参加できることが大切です。そこで授業を進める際に様々な場面で「めあて」の提示を継続的に行うことを意識する必要があります。「めあて」を継続的に提示しながら授業を進めたところ、教室に入るとすでに黒板に本時の「めあて」が書かれていたことがありました。「今日の授業のめあては○○ですか？」と生徒が自ら「めあて」を設定できるようになってくるのです。

それぞれの単元で「UDパーツ」を意識して計画的に授業を進めることで、単元を進める際に「知識・技能を習得する活動」「思考・判断・表現を高める活動」ということを生徒が予想することができるようになります。

単元の始めにある「知識・技能を習得する活動」であれば「〜について学習プリントに

まとめよう」「～について理解しよう」など、「思考・判断・表現を高める活動」であれば「～についてグループで発表しよう」「～についてグループで話し合おう」などの「めあて」が考えられます。

授業の活動・内容を「焦点化」した「めあて」を継続的に提示することにより、生徒が安心して授業に参加することができるとともに、生徒が自ら「めあて」を設定することができるようになります。

9 どの生徒も参加できる発問をする

❶ 発問の内容を「焦点化」する
❷ 発問に答えられるように「視覚化」する

❶ 発問の内容を「焦点化」する

「一問一答の発問には一部の生徒がよく手を挙げるが、自分の考えを答えるときや難しい発問になると手が挙がらなくなるんです」と先生方からよく聞きます。しかし、「一問一答」のように一部の知識のある生徒だけが参加できるものではなく、より多くの生徒が参加できる発問を構成することが必要です。そこで、発問内容を「焦点化」する必要があります。発問内容を「焦点化」することでより多くの生徒が参加できるようになります。

《「焦点化」した発問内容》

① これまで学習した内容との違いを感じさせるもの
② 新しい知識の提示により知的好奇心をもたせるもの
③ 生活経験と関連させて問題を捉えさせるもの
④ 「賛成・反対など自分の考えはどちらですか」
⑤ 「この中で一番だと思うものはどれですか」

①については、これまで学習した内容を提示して、「以前、学習した内容と比較して同じもの、違うものは何か答えてください」と発問することで生徒は何を答えればよいのかがわかります。②については、生徒がこれまでに出会ったことがないような事象を提示して、「この事象について、思ったことや感じたことを答えてください」と発問することで、生徒の「知りたい」「わかりたい」という知的好奇心を高めることができ、生徒が意欲的に参加できるようになります。③については、生徒が日常生活で身近に経験したことがあ

るような事象を提示して、「これはどこかで見たことや聞いたことがあるものだと思いますが、知っていることや感じていることを答えてください」と発問することで、どの生徒も参加できるようにします。

また、社会科授業では④、⑤など、社会的な事象に対して、自分の立場や優先順位を選択・判断させるような発問も有効です。

❷ 発問に答えられるように「視覚化」する

授業では教師が発問して生徒が手を挙げて発言することが多いですが、特別な支援が必要な生徒にとって、自分の考えを声に出して発言することや必要なことをまとめて発言をすることが困難な場合があります。生徒が気軽に自分の考えを表現できるように学習プリントに記入したり、タブレットで自分の考えを入力したり、プレゼンソフトで自分の考えをまとめて発表したり、グループでホワイトボードに記入して発表したりするなどの方法を提案します。その学級の生徒の状況に応じた方法で「視覚化」して表現させることで、多くの生徒が気軽に自分の考えを表現できるようになります。

めあて 「〇〇」に賛成か反対かについて話し合おう！

1 立論・・・自分の判断の根拠を述べよう。

〈自分の判断〉

私は〇〇に　賛成　・　反対　です。

〈判断の根拠〉

［　　　　　］の資料を見てください。この資料から、次のことがわかります。

［　　　　　　　　　　　　　　　　　　　］

2 反論・・・相手の立論に対する反論を述べよう。

［　　　　さん］の［　　　　　　］という意見に反論します。

その理由は、次のようなことからです。

［　　　　　　　　　　　　　　　　　　　］

3 最終弁論・・・相手に対して最後に言いたいことを述べよう。

まず、最後に言いたいことは、次のようなことです。

［　　　　　　　　　　　　　　　　　　　］

〈最終的な自分の判断〉

私は〇〇に　賛成　・　反対　です。

〈最終的な自分の判断の根拠〉

［　　　　　　　　　　　　　　　　　　　］

10 「知識・技能」を身に付けさせる発問をする

❶ 知識を深める段階的な発問を「焦点化」する
❷ 技能を深める段階的な発問を「焦点化」する

❶ 知識を深める段階的な発問を「焦点化」する

まず、知識を深める発問について、歴史的分野の学習を例に説明します。中学校学習指導要領解説社会編の歴史的分野の目標及び内容に「『それは何か』、『どのようなもの（こと）か』、『なぜか』、『それはどうなるのか』、『それはどのような意味があるのか』、『諸事象の関係から見いだせる時代の特色は何か』、『この時代とその前の時代とを比較して、どのような変化や継続を見いだせるか』といった、深い理解への段階を意識した課題（問い）を設定」とあります。

授業をする際には、このように知識を段階的に深めていくことを意識しながら「焦点化」した発問をする必要があります。

例えば、授業の始めにいきなり「鎌倉幕府は主従関係に重きを置いた武家政権により支配が広まりましたが、どんな支配をしていたのですか」と、考えるために多くの知識が必要な発問をしてしまうと、生徒はどんなことを答える必要があるのかがわからず、困ってしまい、授業に参加することができなくなります。

それを防ぐため、教師側が知識を段階的に深めさせるように、発問の内容を「焦点化」します。

例えば、「幕府と御家人の関係は何と言いますか」「幕府が全国を支配するために置いたものは何ですか」「幕府の仕組みと役割をそれぞれ説明してください」「貴族の時代と比較して幕府の特色を説明してください」というように、知識を段階的に深めていけるように「焦点化」した発問をすることで、どの生徒も安心して授業に参加することができるようになります。

❷ 技能を深める段階的な発問を「焦点化」する

次に、技能を深める発問については、地理的分野の学習を例に説明します。中学校学習指導要領解説社会編の地理的分野の目標及び内容に「地理的技能については、地理情報を『収集する技能』、『読み取る技能』、『まとめる技能』の三つの技能に分けることが考えられる」とあります。

知識を段階的に深めていく授業と同様に授業をする際には、技能についても段階的に深めていくことを意識しながら「焦点化」した発問をする必要があります。

例えば、授業の始めにいきなり「自分が住むまちの新聞を作成しましょう」と言われても、生徒は新聞を作成するために、どんな手順で、何から作業する必要があるのかわからず、困ってしまい、授業に参加することができなくなります。

そこで、三つの地理的技能を段階的に深めていきながら新聞を作成できるように「焦点化」した発問をする必要があります。

まず、地理情報を「収集する技能」については、「自分が住むまちを紹介する新聞を作成するために必要な資料は何ですか」というように収集する対象を「焦点化」した発問をし、必要な地図や統計、景観写真、市町村要覧、市町村史など生徒に必要なまちの資料を収集させる活動を行います。

次に、「読み取る技能」については、「自分が集めた資料からまちを紹介するために必要な内容はどんなことでしたか」「地図を活用してまちを紹介するとどんなことが説明できますか」「他の地域の資料と比較するとどんなことがわかりますか」など、生徒が収集した資料を有効に活用できるように「焦点化」した発問をする必要があります。

最後に、「まとめる技能」については、「自分が住むまちを紹介する新聞を作成するために必要なものは何ですか」と発問することで、生徒が集めた様々な資料をもとに地域で見られる事象や特色などを地図や図表、グラフなどを活用しながら表現できるようにします。

その中で、これから作成する新聞では誰にでもわかりやすい表現をするように留意させます。わかりやすい文書を作成するために、地図化、グラフ化など「視覚化」することを意識させる発問をしながら活動を進める必要があります。

11 「思考・判断・表現」を高める発問をする

❶ 社会的な思考・判断を深める発問を「焦点化」する
❷ 表現を深める発問を「焦点化」する

❶ 社会的な思考・判断を深める発問を「焦点化」する

社会的な思考・判断を深める発問については、中学校学習指導要領解説社会編の歴史的分野の目標及び内容に「『なぜか』、『それはどうなるのか』、『それはどのような意味があるのか』、『諸事象の関係から見いだせる時代の特色は何か』、『この時代とその前の時代とを比較して、どのような変化や継続を見いだせるか』といった、深い理解への段階を意識した課題（問い）を設定」とあります。

しかし、社会科授業において、生徒の思考・判断を深めるための発問はとても難しいものです。どの生徒も参加できるように発問を教師側が明確に「焦点化」する必要があります。

例えば、「なぜ、鎌倉に幕府が開かれたのでしょう」「武士の政治はこれまでの貴族の政治とどのような違いがありますか」「産業の発達による民衆の生活の変化は、社会や文化にどのような変化をもたらしたのでしょう」などの課題についての発問を構成することが考えられます。

しかし、このような発問では、生徒は「何を考えればよいのだろうか」「どんなまとめ方にしたらよいのだろう」など、思考・判断することができずに困ってしまい、ノート・ワークシートに自分の考えを書くことができず、授業が進まなくなります。

そこで、先程の発問を「なぜ、鎌倉に幕府が開かれたのか、鎌倉周辺の地形から考えてみましょう」「武士の政治とこれまでの貴族の政治の違いについて一番違うと思うところは何ですか」「産業の発達による民衆の生活の変化が社会や文化に変化をもたらしたと思うことを三つ挙げ、その理由についても説明してください」等、「どの視点から考える必要があるのか」「どの内容を書く必要があるか」「どのくらい内容をまとめる必要があるのか」等、「焦点化」することで、どの生徒も授業に参加し、思考・判断を深めることができます。

❷ 表現を深める発問を「焦点化」する

次に、表現を深める発問については、先程の地理的分野の学習の「自分の住むまちの新聞を作成しましょう」という発問を例に説明します。中学校学習指導要領解説社会編では、「地域調査において、対象となる場所の特徴などに着目して、適切な主題や調査、まとめとなるように、調査の手法やその結果を多面的・多角的に考察し、表現すること」とあります。

表現するための視点を「焦点化」した発問でないと、生徒が自分の調べた内容をどのように表現すればよいのかがわからず、困ってしまい、新聞を作成するための作業が進まなくなります。

例えば、「自分が調べた内容を新聞にまとめるために必要なことは何ですか」と「焦点化」した発問をすると、生徒が作業しやすくなります。その後、調べてわかったことについて、グループで意見交換し「共有化」することも有効です。まとまった成果を文章で表現すること、グラフや表、地図などを活用して、伝える相手にわかりやすくするために「視覚化」することを意識させます。

そして、実際に調査の結果を発表する際には、各種資料、グラフや表、地図などの「視覚化」した情報から読み取れること、読み取った事実から生徒が自分なりに解釈したことを説明できるようにすることが必要です。

さらに、「プレゼンテーションソフトにまとめて発表しましょう」「まとめた報告書を学校や区役所のホームページに載せましょう」「持続可能な社会について提案しましょう」「調査した地域の方に実際に提案しましょう」など、生徒がまとめたものを実際の社会や地域に広げていくことで、生徒が自分の考えを「共有化」できる発問をします。

12 生徒が「選択・判断」できる発問をする

❶ 社会への提案を生徒が「選択・判断」できる発問をする
❷ 社会への提案を生徒が自らの課題として捉えられる発問をする

❶ 社会への提案を生徒が「選択・判断」できる発問をする

授業を進めていく中で、生徒に発言・発表させる場面は数多くあります。例えば、基本的な知識や事実を発言させる場面、調べたものを発表させる場面、基本的な知識や事実について「選択・判断」させる場面、意見を発表させる場面があります。

日常の授業実践を振り返ると、基本的な知識や事実が問われる場面では、生徒はよく発言・発表しますが、「選択・判断」させる場面、意見を発表させる場面になると、途端に発言・発表がなくなり静かになってしまうことが多いです。以前からの課題となっていることは言うまでもなく、この状況から脱却するために、先生方は日常の授業を工夫しようと実践を重ねているかと思います。

生徒にとって、基本的な知識や事実を発言・発表することは、安心してできることです。一方で、「選択・判断」すること、意見を発表することは「他の人はどう考えているのか」「違っていたらどうしよう」など、不安を伴うことです。そこで、「選択・判断」させる場面でも、どの生徒も安心して参加できるようにしていく必要があります。

例えば、公民的分野では「国の財源を確保するために消費税を上げることに賛成ですか反対ですか」「裁判員制度に賛成ですか反対ですか」「選挙の投票率を上げる方法を考えてみましょう」などの発問を構成します。生徒が「選択・判断」できるような内容を「焦点化」して提示すること、どの意見を選択して発表しても認めること、グループで「共有化」し、他者の考えを知る活動を取り入れることで、どの生徒も安心して発表できるようになります。その結果、「これから○○していくべきだ」「今後は○○していく必要がある」というような提案ができるようになります。

❷ 社会への提案を生徒が自らの課題として捉えられる発問をする

社会への提案を行う授業内容で、その内容が生徒にとってどこか遠くにあり、自分の立場からのものでない、他人事である提案内容になってしまうことはよくあります。何とか生徒に自分事として提案をしてほしいと思っている教師は多いです。

そこで、生徒が課題を自分事として捉えられる発問を構成する必要があります。公民的分野の学習を例にすると、「民主政治と政治参加」では、中学校学習指導要領社会編に「民主政治の推進と、公正な世論の形成や選挙など国民の政治参加との関連について多面的・多角的に考察、構想し、表現すること」とあります。「構想」する視点を発問に取り入れます。また、「民主政治を推進するためには、公正な世論の形成や選挙など国民の政治参加が必要となること、また、国民の意思を国政や地方の政治に十分反映させることが必要であり、国民一人一人が政治に対する関心を高め、主権者であるという自覚を深め、主体的に政治に参画すること」についての視点から発問を構成する必要もあります。「国の財源を確保するために消費税を上げることに中学生として賛成ですか反対ですか」「自分が参加することになるかもしれない裁判員制度に賛成ですか反対ですか」「自分たちの住む地域にいる高校３年生の選挙の投票率を上げる方法を考えてみましょう」「これからの自分たちの住む地域に必要なことは何かを提案しましょう」など、単元の学習を通して、生徒が課題と向き合い、「構想」できるような、自分事として考えられるような発問を構成しましょう。

また、課題を解決するために生徒が自分事として考えられるように「選択・判断」できるような資料を「焦点化」して提示します。また、グループでの「共有化」においても「自分の考え、立場は○○である」と明確に提示できるようにします。さらに、「これから、自分は○○していくべきである」「自分は、今後○○していく必要がある」というように自分が主語になる提案ができるようにすることが必要です。

このような視点から発問を構成することで、社会への提案を生徒が自らの課題として捉えられるようになります。

13 板書の書き方の基本的なスタイルを提示する

❶ 板書は1時間で1枚になるように基本的なスタイルを決める
❷ 生徒が自分の考えを無理なく書けるようにシンプルにまとめる

❶ 板書は1時間で1枚になるように基本的なスタイルを決める

板書の基本は授業が終わったあとにどんな学習内容だったのかがわかることです。板書を書く際には、どの生徒も共通したスタイルでノートを書けるようにします。「板書をもとに授業の中で気がついたことや先生の言っていることを自分のスタイルでノートに書けるようになる」ことが必要だという考え方があります。それは自分で考えることができる生徒には簡単な作業ですが、特別な支援が必要な生徒にとっては苦痛な作業です。そこで、板書を「焦点化」「視覚化」します。より多くの生徒が安心してスムーズに活動できるようになります。

授業の始めに、「授業の板書はみんなのノートの片面１枚で収まるようにします。書くために必要な行数もある程度指定するのでそれに合わせて書いてください」と伝えます。次に、「それでは本時の学習の『めあて』を提示します。ノート２行を使って『めあて』を記入してください。『めあて』には赤で枠をつけてください」と伝えます。本時の「めあて」は「焦点化」したものにします。

その後、本時で扱う「知識・技能」に関連した内容を端的にわかりやすく記述します。大切な語句には黄色で枠をつけるようにします。「ＵＤの視点」として、板書は黄色のチョークを活用します。生徒にとって見やすくなります。ここでも何行で記述するかを伝えます。「知識・技能」に関連した内容を扱ったあと、課題解決的な学習を取り入れます。自分の考えを記述させ、グループでの活動を通して他者と考えを共有させます。グループの考えを参考にして最終的な自分の考えをまとめる活動を行います。ここでもそれぞれ何行で記述するかを伝えます。

最後に本時の振り返りを行い、本時の学習で「知識・技能」としてわかった内容を記述させます。課題解決的な内容のところでは、「思考・判断・表現」「主体的に学習に取り組む態度」がわかるような感想を記述させます。

自分の考え　↓○○について、自分は○○だと思います。理由は○○だからです。
グループの考え　↓○○について、グループでは○○という考えがでました。
最終的な自分の考え　↓○○について、グループでは○○という考えがでましたが、自分は○○だと思います。

❷ 生徒が自分の考えを無理なく書けるようにシンプルにまとめる

始めのうちは、生徒が書くことに慣れていないため「自分の考え」「グループの考え」「最終的な自分の考え」を2行から3行程度で記述できるように基本的なスタイルを提示して記述させます。繰り返すことで生徒はだんだん書けるようになります。

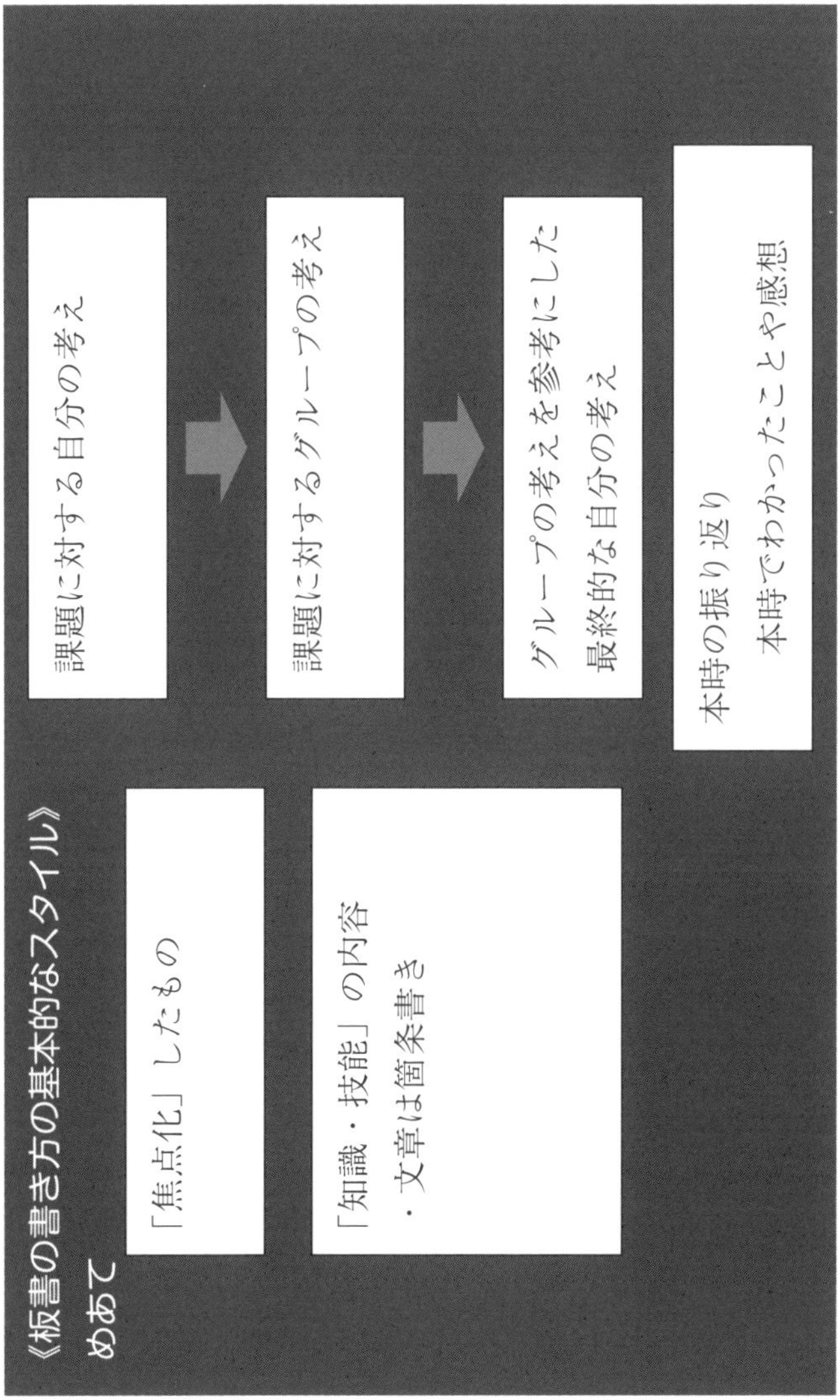
《板書の書き方の基本的なスタイル》
めあて
「焦点化」したもの
「知識・技能」の内容
・文章は箇条書き
課題に対する自分の考え
課題に対するグループの考え
グループの考えを参考にした
最終的な自分の考え
本時の振り返り
本時でわかったことや感想

14 「知識・技能」を身に付けさせる板書にする

❶ 基本的な知識が明確にわかる板書にする
❷ 基本的な知識の理解を深められる技能を取り入れた板書にする

❶ 基本的な知識が明確にわかる板書にする

一つ前の項目で板書の書き方の基本的なスタイルを提示したので、次は、具体的な板書について提示します。まず、基本的な知識が明確にわかる板書についてです。中学校学習指導要領解説社会編には、「次のような知識を身に付けること」が例示されています。

まず、単元で必要な知識について板書をしますが、「ＵＤの視点」である「焦点化」「視覚化」を意識する必要があります。基本的な知識を板書する際には、まず、「○○は○○である」という断片的な事実を「焦点化」して書きます。

次に、「○○は○○であることにより、○○である」という説明的、分析的な事実を「焦点化」して書きます。基本的な知識を板書する際には、教師側がこの2段階の基本的な知識を「焦点化」することと、どの生徒にとっても見やすく、スムーズにノート・ワークシートに書き写しができる文章にして、「視覚化」することを意識する必要があります。

【2段階の基本的な知識の例】
〈地理的分野〉
① 九州地方は日本の西にあり、朝鮮半島などの大陸が近い。（断片的な事実）
② 九州地方は地震や台風の影響などがあり、自然環境に合わせた人々の生活・文化や産業がある。（説明的、分析的な事実）

❷ 基本的な知識の理解を深められる技能を取り入れた板書にする

次に、2段階の基本的な知識の理解を深められるように必要な技能を取り入れた板書についてです。基本的な知識については、教師が口頭で説明して板書するだけでは、生徒がわからないまま、授業が進んでしまい、生徒の学習への意欲が低下してしまいます。そこで、社会科授業では、資料の提示をすることで生徒の学習への意欲を喚起させようとすることがよくあります。その際、基本的な知識を深め、技能を高めていけるような資料を準備することが必要です。

先程、例示した「日本の諸地域」の「九州地方」では、どんな資料を提示するとよいでしょうか。まずは、アジア州と日本の位置がわかる地図、九州地方の平野、川、山脈、火山などがわかる分布図、生活・文化や産業が読み取れるような写真や統計資料です。「九州地方の○○について、次の○○の資料から○○ということがわかる」と技能を用いて知識を説明することで基本的な知識の理解は深められます。ここで必要なことは、基本的な知識の理解を深めさせるだけでなく、これからの単元の学習において、「思考・判断・表現」をできるような技能の活用です。

《基本的な知識の理解を深められる技能を取り入れた板書の例》

〈地理的分野〉

①九州地方は日本の西にあり、朝鮮半島などの大陸が近い。

②九州地方は地震や台風の影響などがあり、自然環境に合わせた人々の生活・文化や産業がある。

アジア州と日本の位置がわかる地図

九州地方の平野、川、山脈、火山などがわかる分布図

生活・文化や産業が読み取れるような写真や統計資料

15 「思考・判断・表現」を高める板書にする

❶ 思考・判断を高める板書にする
❷ どの生徒も表現できる板書にする

❶ 思考・判断を高める板書にする

ここでは、基本的な知識と技能を用いて、「思考・判断・表現」できる板書について提示します。基本的な知識と同様に、中学校学習指導要領解説社会編には、「次のような思考力、判断力、表現力等を身に付けること」が例示されています。「思考・判断・表現」することは単元の中心となる課題を生徒が主体的に解決する際に必要です。最終的にどの生徒も自分の考えをノート・ワークシートに表現できる板書にすることが重要です。ここでは、「ＵＤの視点」である「焦点化」「視覚化」、そして、「共有化」を意識する必要があります。そこで、生徒には、「なぜ、○○は○○なのだろうか」「○○について○○と○○のどちらか決めてみよう」など「焦点化」した課題を提示し、思考・判断できるようにします。生徒に思考・判断させる際には、「なぜ」と「どちらか」「賛成か反対か」「一番はどれか」「ベスト３は何か」など生徒が思考・判断することを「焦点化」して板書します。

【思考・判断できる課題の例】
〈地理的分野〉
① なぜ、福岡には観光客が多く集まるのだろうか
② 九州地方に修学旅行に行くならどこがおすすめか、ベスト３を決めよう

❷ どの生徒も表現できる板書にする

次に、生徒が課題を解決し、思考・判断したものを表現するための板書についてです。

生徒に思考・判断したものを表現させるために、まず、課題に対して自分の考えを書かせる必要があります。どの生徒も思考・判断できるように、基本的な知識と技能を活用させながら、自分の考えを表現させる必要があります。


【学習課題の例】「なぜ、福岡には観光客が多く集まるのだろうか」

〈自分の考え〉

福岡には、アジアからの観光客が多く（断片的な知識）、海や山などの自然があり、博多を中心に都市も発達しているから（説明的、分析的な知識）。

このことは、福岡の地域別観光客の数を示したグラフや福岡周辺の自然環境、都市の分布図を見るとわかる（技能）。


ここで必要なことは、生徒が自分の考えを表現した際に生まれる、「果たして、この表現で本当によいのだろうか。まだ、他の考えがあるのではないか」という不安へのアプローチです。そこで、グループでの「共有化」を行うことで、他者の考えを参考にしながら、自分の考えを「付加・修正・強化」することが有効になります。この「付加・修正・強化」を意識することで、どの生徒も自信をもって自分の考えを表現できるようになります。

グループでの「共有化」を行うことで、自分の考えに自信をもつことができるようになる。

〈付加〉
・Ａさんの意見から、〇〇を付け加えます。

〈修正〉
・Ｂさんの意見から、自分の考えの〇〇を修正します。

〈強化〉
・Ｃさんの〇〇という意見もありますが、自分の考えは〇〇です。

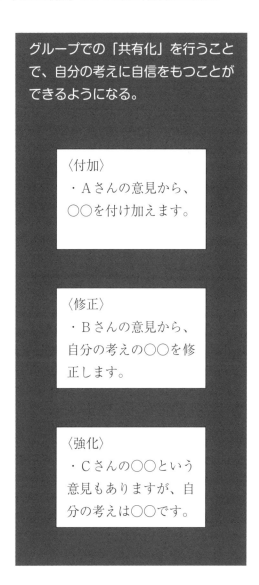

16 自分の考えを提案できる板書にする

❶ 提案する考えを「焦点化」した板書にする
❷ 提案する対象を「焦点化」した板書にする

❶ 提案する考えを「焦点化」した板書にする

単元の学習を通して、基本的な知識の理解を深めるために技能を活用すること、さらに、「思考・判断・表現」することで、自ら課題を解決することができる板書を提示しました。通常の授業では、ここまでの学習で、学習指導要領の目標にある程度近づくことができますが、現代社会におけるＳＤＧｓや社会・世界との関わり、よりよい人生を送る方法などを考えられるカリキュラムにするためには、単元を通して、生徒が「自分の考えを提案」できるように仕組む必要があります。そうすることで「主体的に学習に取り組む態度」を育成することができます。

単元のまとめをするときに生徒が提案する時間を設けることが有効です。「○○について、キャッチフレーズをつくろう」「○○に必要なことを提案しよう」「○○についてどうするべきか発表しよう」など、生徒が自ら提案できるように「焦点化」した板書をします。この学習を行う際にも、グループでの「共有化」を行い、自分の考えを「付加、修正、強化」することで、どの生徒も自分の考えを提案できるようにします。

【自分の考えを提案できる課題の例】

〈公民的分野〉

① 地域をアピールするためのキャッチフレーズをつくろう
② 国民の政治参加ついて今後どうしていくべきかを発表しよう
③ これからの少子高齢社会に必要なことを提案しよう

❷ 提案する対象を「焦点化」した板書にする

単元を通して、生徒が自分の考えを提案する課題を教師側で提示することはできても、その提案する内容を生徒がまとめるときに、生徒が自分事として考えることができず、他人事のようになってしまっていると感じることが多々あります。

今回の学習指導要領における、「主体的に学習に取り組む態度」について、生徒の表現内容から評価する必要があります。そこで、生徒が課題を自分事として捉え、自分の考えを提案できるように、教師側で「焦点化」した課題を提案する必要があります。例えば、「区役所の方に提案しよう」「区役所のＨＰで発表しよう」「地域・保護者の方に聞いてもらい、意見をもらおう」「大学生に聞いてもらい、意見をもらおう」など、生徒が解決する課題に関係のある方に提案する場面をつくることで、生徒の課題を解決しようとする意欲は高まります。インターネットを活用することが容易になっており、全国、もしくは、海外の方にも提案することができます。ぜひ実践してみてほしいと思います。

【自分の考えを提案できる課題の例】

〈公民的分野〉

① 地域をアピールするためのキャッチフレーズを区役所の方に提案しよう
② 国民の政治参加について今後どうしていくべきかを区役所のHPで発表しよう
③ これからの少子高齢社会に必要なことを大学生に提案して意見をもらおう

このように、板書に具体的な提案場面を「焦点化」して書くことで、どの生徒も安心して自分の考えを提案できるようになります。

《どの生徒も自分の考えを提案できる板書の例》

めあて
地域をアピールするためのキャッチフレーズを
区役所の方に提案しよう

〈自分たちの住む地域で
アピールしたいこと〉

〈最終的な自分の考え〉

〈グループの考え〉

〈自分の考え〉

17 ノート・ワークシートの基本的なスタイルを提示する

❶ ノート指導を充実させるために書き方を提示する
❷ 時間内に書き込むことができるノート・ワークシートにする

❶ ノート指導を充実させるために書き方を提示する

「わかりやすくするためにノートに枠をつけます」「ノートは1時間に1枚使います」とノートの書き方について、各教科の特性に応じた使い方を説明します。見通しをもたせることで生徒は安心して授業に参加することができます。

(1) ノートの書き方をパターン化する

日常的にノートの書き方を伝えます。この時間は何時間目になるか、学習の「めあて」を提示することで、生徒は本時の学習の見通しをもつことができます。

このように、学習の「めあて」をつかみ、「知識・技能」の内容を確認しながら、本時の課題について「自分の考えをまとめる」「グループでの考えをまとめる」「最終的な自分の考えをまとめる」「最後は必ず学習の振り返りとして、本時でわかったことや感想を書く」という一連の学習活動を継続することで、パターン化したノートの作成を行います。始めはノートが上手く書けない生徒でも繰り返し書くことで慣れ、どの生徒も安心してノートを書くことができます。

また、パターン化したノートの書き方の指導を通して、自分の考えを上手く書けなかった生徒も自信をもって書けるようになります。

(2) ノートに枠をつける

ノートを書く際には、どの場所に何を書くのかをわかりやすくする必要があります。その際、有効になるのは枠をつけることです。

枠をつけることで枠の中に自分の考えなどを上手にまとめられるようになります。書くことが苦手な生徒は枠があることでどのくらい書けばよいのかわかり、書きやすくなります。

❷ 時間内に書き込むことができるノート・ワークシートにする

授業の指導案を見ると、「この内容を授業の時間内で書くのは困難だ」と思われるものがあります。そのような授業では、生徒はひたすらノート・ワークシートを書き続けなければなりません。ノート・ワークシートを書く作業が早い生徒は何とか授業についていけますが、ほとんどの生徒は授業に追いつくことができずにノート・ワークシートの中身は「すかすか」なものになってしまいます。授業が終わったときに生徒が「この授業はしっかり頑張った、こんな内容がわかった」と充実感、自己効力感をもてるようにすることが大切です。

そこで、教師側がノート・ワークシートをどの生徒も時間内に仕上げられるものにしなくてはなりません。

先程も述べたように、基本的に「1時間にノートは1枚、ワークシートもA4 1枚」に収められる内容にする必要があります。そして、ワークシートには枠をつけて記入しやすいようにします。枠だけでなく、必ず罫線も入れるようにします。

めあて （学習内容）～について、（学習活動）～しよう！～するべきか？

※本時で生徒に身に付けさせたい学習内容と生徒が見通しをもてるような学習活動にします。

> ※「知識・技能」の内容を生徒が書きやすい箇条書きや端的な表現にします。

生徒が考える課題の提示　※話合い活動を行う際に活用します。

> なぜ～は～だろう？

〈自分の考え〉※文章は２～３行程度でまとめるようにします。

> ～について、自分は～と思います。
> 理由は～だからです。

〈グループの考え〉

> グループでまとめた考えは～でした。

〈最終的な自分の考え〉

> ～について、自分は～と思います。
> 理由は～だからです。

〈今日の授業でわかったことや感想〉　※毎時間２行で書かせるようにします。

> （学習内容）について、～がわかりました。
> （　感想　）と思いました。

※ノートは記述しやすいように、罫線を入れるとよいです。

18 ノート・ワークシートに自分の考えを「焦点化」して記入できるようにする

❶ 自分の考えを安心して書けるようなノート・ワークシートにする
❷ 時間内に書き終わり、達成感をもてるノート・ワークシートにする

❶ 自分の考えを安心して書けるようなノート・ワークシートにする

前項では、ノート・ワークシートの基本的なスタイルを提示しながら授業を進めることで、どの生徒も安心して学習活動に参加できると述べました。ここでは、どの生徒も自分の考えを安心して、最後までしっかりノート・ワークシートに記入できるようにするための工夫を紹介します。

授業を進める中で、「ノート・ワークシートに自分の考えをまとめて、記述してほしいのだが、生徒は何を書けばよいのかわかっておらず、なかなか書くことができない」「自分の考えを自由に書いてくださいと言っても書くことができない」と感じる場面は多くあります。

生徒にとって、自信のない自分の考えをノート・ワークシートに記述することは難しいことです。特に「考えていることを自由に書いてください」というのは、生徒の主体性を重視しているようですが、「何を書く必要があるのか」見通しがもてず、生徒にとって難しい課題になってしまいます。

そこで、教師側はノート・ワークシートが生徒にとって、自分の考えを書きやすいものになっているのかを再確認してほしいです。よく見られるのが、ノート・ワークシートの自分の考えを書かせる部分が大きな枠だけになっているものです。

大きな枠だけが提示されていると、字を書くことや文章表現が苦手な生徒や特別な支援が必要な生徒は、何をどう書く必要があるのかわかりません。また、生徒が字を真っ直ぐ書くことができなかったり、大小様々な字になってしまったり、大きな枠の上の方にしか文章を書くことができず、下がほとんど空いてしまったりする様子が見られます。

❷ 時間内に書き終わり、達成感をもてるノート・ワークシートにする

ノート・ワークシートを書く活動を行う際に、もっとも大切なことは授業が終わったあとに、生徒が「今日の授業では、ノート・ワークシートをしっかり書くことができた」「次の授業もしっかり取り組んでいきたい」などの達成感や充実感をもてることです。

ノート・ワークシートに大きな枠だけがあり、「ほとんど埋めることができなかった」「自分の考えを上手く表現することができなかった」などの印象が残ってしまうと、次の授業以降もノート・ワークシートを最後までしっかり仕上げようとする意欲が低下してしまいます。

そこで、ノート・ワークシートの枠に自分の考えを書かせるときには、大きな枠に必ず罫線を入れるようにします。ノートは罫線がすでに入っているものが多いので周りに枠を書けばよいですが、教師側が作成するワークシートには、枠だけでなく罫線を入れることで字の大きさや真っ直ぐ書くための目安となり、文章の量も調整することができます。

自分の考えを表現させる際には、基本的にはノートであれば2行で書かせます。自分の立場とその理由を書かせることを継続します。生徒が書くことに慣れてきたら、自分の立

場とその理由、そう考えた根拠は何かを書けるように指導します。

> ○○○について、自分は○○○だと思います。
> 理由は、○○○だからです。

↓

> ○○○について、自分は○○○だと思います。
> 理由は、○○○だからです。
> 根拠は、○○○の資料から○○○と言えるからです。

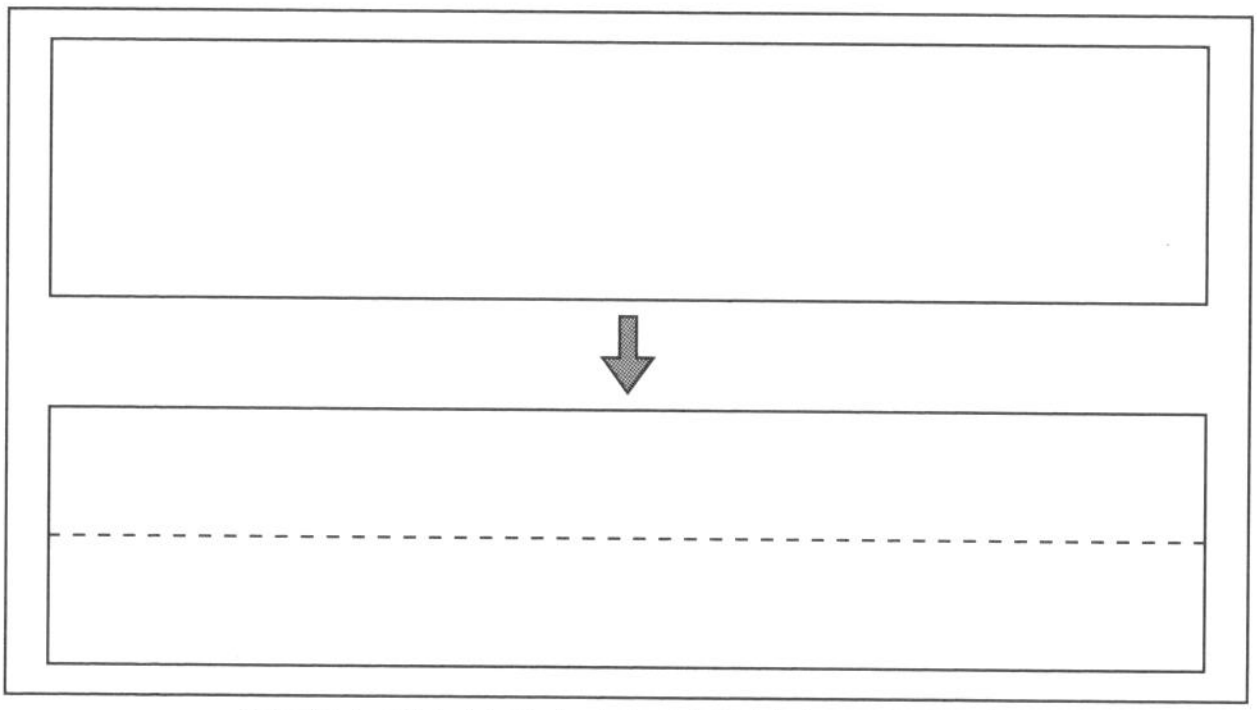

（文章を書かせるときには罫線を入れます）

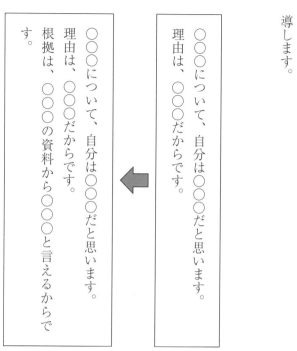

19 ノート・ワークシートが単元で一つのまとまりになるようにする

❶ 単元の学習課題を追究できるノート・ワークシートにする
❷ 単元の学習に見通しがもてる「視覚化」したノート・ワークシートにする

❶ 単元の学習課題を追究できるノート・ワークシートにする

ノート・ワークシートを作成する際には、1時間ごとの授業内容でまとめることが多いですが、単元を通して、まとまりのあるノート・ワークシートを作成することも生徒が学習課題を解決する上で効果的です。単元を学習する際に、「UDの視点」である「焦点化」「視覚化」「共有化」を意識しながらノート・ワークシートを作成します。「この授業は何がわかればよいのか」「何ができればよいのか」「何を書けばよいのか」を明確にします。

地理的分野の「世界の諸地域」の「アジア州」の単元を例に説明します。地理的事象については、網羅的な知識ではなく、生徒の興味や関心を引き出しながら、課題を「焦点化」します。そのために、読図、白地図記入、表やグラフの読み取り等の「知識・技能」について、「視覚化」する作業を取り入れたノート・ワークシートを作成します。また、単元を通して「アジア州の国々（特に中国・インド）の工業化が進んだ一番の理由は何か」という「焦点化」した課題を追究させることで、アジア州の地域的特色を多面的・多角的に捉えながら理解を深めさせます。

まず、単元の始めに、生徒にアジア州について知っていることを発言させ、「アジア州の工業化が進んだ理由を考えましょう」と伝えます。

次に、白地図、表やグラフ、教科書や資料集などを参考にして、自分の考えをまとめ、グループでの話合い活動を通して、発表・表現させる活動を取り入れます。

単元の最後にもう一度、「アジア州の国々（特に中国・インド）の工業化が進んだ一番の理由は何か」と課題を提示し、自分の考えをノート・ワークシートにまとめます。このように、単元を通してノート・ワークシートが一つのまとまりになるように作成します。

❷ 単元の学習に見通しがもてる「視覚化」したノート・ワークシートにする

ここでは先程紹介した「世界の諸地域」の「アジア州」について、課題を「焦点化」すること、資料を「視覚化」すること、課題を解決するために「共有化」することなど、生徒が単元の学習に見通しをもてるようにわかりやすく「視覚化」したワークシートを紹介します。

地理的分野「世界の諸地域」「アジア州」

○単元の始め　アジア州への興味・関心を高めさせ、課題を「焦点化」します。

めあて　アジア州の国々（特にインド、中国）の工業化が進んだ一番の理由を決めてみよう

・アジア州には、東、東南、南、西アジアがある。
＜アジア州の国々の知っていることを書こう！＞
・タイ→赤道が近い
・サウジアラビア→石油が多く採れる
・中国→万里の長城、人口が世界一
・インドネシア→多くの島がある
・インド→人口が増加している

なぜ、アジア州の国々の工業化が進んだのだろうか

・人口が多いから
・これまで経済発展が遅れていたから

○　「視覚化」した白地図、表やグラフ、教科書や資料集など参考にして、課題を追究します。

アジア州の降水量の分布図
※白地図作業

アジア州の人口密度の分布図
※白地図作業

東・東南アジアの国々の工業生産額
※表の読み取り

中国とインドの人口の変化
※グラフの読み取り

東南アジアの国々の輸出品の変化
※グラフの読み取り

○単元の終わり　グループでの「共有化」をし、最終的な自分の考えをまとめます。

めあて　アジア州の国々（特にインド、中国）の工業化が進んだ一番の理由を決めてみよう

＜自分の考え＞
○工業化が進んだ理由は
・情報通信技術（ICT）産業が発達しているから
・また、市街地での再開発とともに周辺農村では、工業団地や住宅がつくられ、都市が拡大しているから

↓

＜グループの考え＞
・人口が多くて、安くて豊富な労働力があったから
・外国企業を受け入れたから

↓

＜最終的な自分の考え＞
○工業化が進んだ理由は
・人口が多いので働く人も多い、人件費が安く、国内に外国企業を誘致したから
・中国は海岸沿いに経済特区をつくったから
・インドは英語、数学の教育水準が高い、欧米との時差を利用して仕事ができるから

単元を通して「視覚化」したノート・ワークシートの例

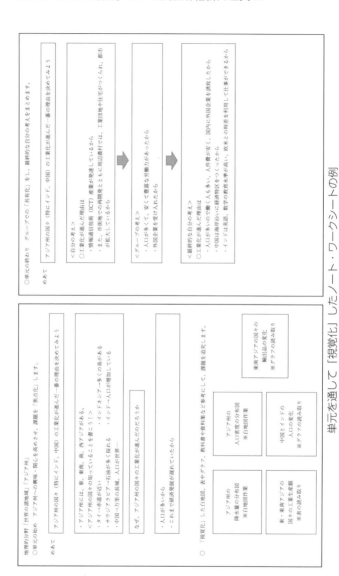

20 ノート・ワークシートに評価・振り返りの場面を提示する

❶ 生徒が授業を「三つの観点」から振り返ることができるようにする
❷ 生徒に「UDの視点」を取り入れた授業を定着させる

❶ 生徒が授業を「三つの観点」から振り返ることができるようにする

日常の授業の評価・振り返りの場面は、すでに紹介していますが、毎時間、必ず振り返りの時間を確保して、「本時でわかったことや感想」を書かせます。そうすることで、本時の「めあて」の内容がわかったのか、学習への取組はどうだったのかを評価することができます。

ここでは、毎時間の評価・振り返りと別に単元や学期ごとで、生徒が自己評価・振り返りする方法を紹介します。「知識・技能」については、授業で学習した内容、地図や資料の読み取りをもとに振り返りをします。「思考・判断・表現」については、自分の考えを書くこと、資料などを根拠に自分の考えをまとめること、自分の考えを発表することなどをもとに振り返りをします。また、「主体的に学習に取り組む態度」については、どのくらい学習活動に取り組むことができたかをもとに振り返りをします。

これらの観点で、生徒が特に力を入れている場面を選択させて理由を書かせることやこれから生徒が授業で取り組んでいきたいことを書かせることで、生徒が自分自身の目標を立てることができます。

❷ 生徒に「ＵＤの視点」を取り入れた授業を定着させる

次に、日常の授業実践について、「ＵＤの視点」から生徒が振り返りをします。「ＵＤの視点」を取り入れた授業に取り組んでいくために、教師は「教室環境の整備」「焦点化」「視覚化」「共有化」していく必要があります。

「ＵＤの視点」を取り入れた授業は「継続性」をもって取り組むことが大切です。教師側が常に意識する必要があるとともに、生徒にも定着させていく必要があります。

「教室環境の整備」については、授業の始めに机をきれいに揃えること、かばんなどの荷物を片付けること、棚を整理することなどを「継続性」をもって実施することで、生徒が自ら自然とできるようになります。できていない生徒には継続して個別に支援します。

そして、黒板にその時間の「めあて」を提示して、本時の学習活動・内容を「焦点化」します。大切な語句等にはチョークで枠をつけるなどの「視覚化」を行います。パターン化した板書をし、自分の考えを書いたあとに、グループでの活動で「共有化」します。

そして、課題について考えを深める話合い活動について自己評価させます。また、今後、取り組んでいきたいことを書かせることで、教師側で改善するべき視点についても検討することができます。

1　これまでの学習を振り返って、特によく取り組んだことを、次の①～⑤から第1位と第2位を選び、その理由を書いてください。

〈自分ががんばったと思うこと〉

①　授業で学習した内容やワークシートなどで出てきた重要な語句を復習することができました。

②　白地図等の作業を丁寧に行い、グラフの読み取りなどをノートにまとめることができました。

③　自分の考えを書くときに資料集などの資料から根拠をもってまとめることができました。

④　話合いのときに自分の考えをしっかり発表することができ、ノートにわかったことや感想を書くことができました。

⑤　授業に真剣に参加し、発表や話合いに積極的に参加しようとしました。

○第1位は（　　）です。
その理由は

○第2位は（　　）です。
その理由は

○これからの授業でさらに取り組んでいきたいことは（　　）です。
その理由は

2　これまでの授業について、次のアンケートに答えてください。
（A　よかった　B　ややよかった　C　あまりよくなかった　D　よくなかった）

①　授業の始めにかばんなどの荷物を片付けておくことは？　[A　B　C　D]

②　授業で学習することをわかるために黒板に「めあて」を書くことは？
[A　B　C　D]

③　チョークで枠をつけること、自分の考えを書けるような黒板の内容は？
[A　B　C　D]

④　自分の考えをノートに書くことや自分の考えを出し合う、話し合う活動は？
[A　B　C　D]

※①～④の内容でよかったことや今後、取り組んでいきたいことがあれば書いてください。

「UDの視点」を取り入れた授業の定着を見るための振り返りシート

21 生徒が2項（賛成・反対）で考えることができる資料を提示する

❶ 生徒が考えを深められる「焦点化」した資料を提示する
❷ 生徒が選んだ立場についての根拠をもつようにする

❶ 生徒が考えを深められる「焦点化」した資料を提示する

生徒に考えを深めさせるために、「○○について考えてみよう」と「めあて」を提示する授業が見られます。生徒に考えを深めさせるために、教師側が課題に対して、2項で思考できるような資料を提示することが有効です。

例えば、「○○について、賛成か反対か」「○○について、AかBか選ぼう」などの課題を提示し、生徒がどちらかを選択し考えを深められるようにします。また、教師側で1時間の授業の中で考えられるように「焦点化」した資料を準備することがポイントです。歴史的分野の「江戸幕府が鎖国をやめることに、賛成か反対か」の課題を例に資料を提示します。

【賛成】「経済が活発になり日本が発展する」からです。
鎖国をやめると、日本からも自由に海外に渡航でき、幕府だけでなく大名や商人も取引ができるようになります。鎖国前のように各地に日本町ができ、交易がさかんに行われます。また、外国人が日本にやってきて取引をすることができるようになり、港のある都市を中心に商品を作ったり売ったりする人たちがたくさん集まり、発展します。国内外で交易が活発になれば日本の経済は活発になります。

【反対】「幕府の支配体制が崩れる」からです。
鎖国をすることで幕府は貿易を独占しています。ところが鎖国をやめると、諸大名が貿易を始め、幕府は貿易を独占できなくなります。すると、大名の中には貿易によって大きな収入を得るものも現れ、参勤交代などを行わせても武器を集めたり城を改築したりする費用が残る大名が出てきます。その結果、幕府に逆らう大名が出てくる可能性があります。

〈賛成〉

・外国の文化、進んだ医療技術が伝わり日本が発達する。外国から技術が進んでいるものを輸入できる。

・外国と仲良くすることで新しいものをどんどん取り入れられる。

・外国にやられて日本は終わりになるかもしれないから開国だ。

・鎖国をするならアメリカと戦わなくてはいけない。アメリカの方が人が多いから日本は負けてしまう。アメリカが強いから開国する。

〈反対〉

・今までと同じで権力を保つことができる。

・外国が自分たちの方が強いと思って、日本の権利を奪ってしまう。日本が外国のものにされてしまうのはイヤだから。

・鎖国の方が幕府は有利。今までと同じ権力を保つことができるし、開国してしまうと幕府の立場が危うくなってしまう。

・キリスト教が広まって幕府に歯向かう人がいっぱい出て、最後には倒されてしまうかもしれない。百姓などに反抗されるかもしれない。

❷ 生徒が選んだ立場についての根拠をもつようにする

実践例として紹介した歴史的分野の「江戸幕府が鎖国をやめることに、賛成か反対か」の課題では、「賛成か反対か」について、それぞれの立場の意見を一つ、または、シンプルにまとめた複数の意見を提示して生徒に考えさせています。生徒が考えを深めるために、始めはこの２項から選択することが効果的です。

２項から選択することに慣れてきたら、それを選択した理由について考え、表現することで生徒は考えをより深めます。そして、選択すること、選択した理由を考えることに慣れてきたら、次は、自分が選択した内容について教科書や資料集などから根拠を見つけます。その根拠をもとに自分の考えを表現することで生徒の思考をさらに深めることができます。このように、段階を意識しながら授業を構成することで、どの生徒も自分の考えを深めていくことができます。

《「生徒の考えが深まる流れ」》

選択する→選択した理由を考える→根拠を示す

22 複数の視点から考えることができる資料を提示する

❶ 複数の視点から思考することができる「焦点化」した資料を提示する
❷ 生徒が選んだものについて肯定することを基本とする

❶ 複数の視点から思考することができる「焦点化」した資料を提示する

前項では、生徒が思考を深められるように教師側が課題に対して、2項で考えることができる資料を提示することについて述べました。

ここでは、「○○について、どの意見がよいか」「○○について、どの意見がよいか選び、自分の考えをまとめよう」などの課題を提示し、2項からさらに考えを深めさせるための方法について述べます。

資料に関しては、先程と同様に教師側で１時間の授業の中で考えられるように「焦点化」した資料を準備することがポイントです。

地理的分野の「日本の諸地域」の「中国・四国地方」の単元を例に説明します。「中国・四国地方の地域おこしの視点として何を重視するか決めてみよう」の課題を「焦点化」して提示します。この視点について、教科書や資料集を参考にして考えを深めます。

【地域おこしの視点】

・ＩＣＴの活用　・交通網の整備　・地域の特色を生かした製品の開発

また、公民的分野の「日本の選挙の投票率を上げるための方法について、次の方法から決めてみよう」の課題について、教師側が準備した資料を提示します。

【選挙の投票率を上げるための方法】

1　ネットで、投票！

・いろいろな問題もあるでしょうが、諸々をクリアすればこれからの時代にはマッチするかと。

2　駅や大学などに投票所を設け、遊びや通学のついでに投票できるようにする

・若者が投票に来ないなら、出向くしかない。たとえ、投票所が近所に指定されていても、それだけの為にわざわざ出向かない。駅や大学など、遊びや通学のついでに投票できるよう生活動線に投票所を設ける。免許証などの身分証明書の提示で投票できるようにすれば、その場で投票する若者も少なくはないかと。

3　行く度にポイントが貯まる制度を作る

・ポイントカードを作って、選挙に行く度にポイントが貯まる制度を作る。ポイントが貯まった人だけが参加できる政策の討論会を実施したり、ポイントに応じて商店街でサービスを受けられるようにしたりする。

4　投票に来た人には五百円程度の商品券を渡す

・投票に来た人には商品券を渡すことで投票への意欲をもたせる。

5　投票しないと義務違反で反則金を取る

・投票しないと義務違反で反則金を取ったり、今後〇年間投票権を剥奪したりする。

6　アーティストやミュージシャン、漫画家、作家などから、投票に行くことが、当たり前で、かっこいい、クールであると、発信してもらう

・若い人たちに影響力のある人から、投票に行くことが、当たり前で、かっこいい、クールであると、発信してもらい、投票への興味をもたせる。

❷ 生徒が選んだものについて肯定することを基本とする

ここでは、「地域おこし」と「投票率」の課題についての資料を例示しました。「地域おこし」では三つの視点、「投票率」では六つの方法から生徒に選ばせるものを紹介しました。しかし、特別な支援が必要な生徒にとっては複数の内容から選ぶことは困難であると予想されます。

資料の内容としては薄いのではという意見もあると思いますが、まずは、生徒が授業に参加する中で自分の考えを出すことが大切です。このようにいくつかの選択肢から選んだ際に「これをどうして選んだのでしょうか」と問いかけ、「そのように考えたのですね、なるほど」と教師側が肯定することで、今後も生徒が自分の考えに自信をもって表現することができるようになります。

資料提示・活用場面での工夫

23 授業内容の理解を深める資料を提示する

❶「15分ＵＤパーツ」ごとに資料を提示する
❷「15分ＵＤパーツ」の段階に応じた資料を提示する

❶「15分ＵＤパーツ」ごとに資料を提示する

ここでは、「15分ＵＤパーツ」による学習活動の場面に関連した資料の提示について紹介します。

資料を提示する際には、「ＵＤの視点」である「焦点化」「視覚化」「共有化」を意識するとともに、生徒に授業内容が「わかった」と思わせることができるような効果的な資料を準備して、提示していくことが重要です。

■「15分ＵＤパーツ」その１　「つかむ段階のパーツ」

「15分ＵＤパーツ」その１「つかむ段階のパーツ」での資料の提示では、どの生徒にも「知りたい」「わかりたい」「なぜだろう」と学習課題に「価値」をもたせる必要があります。

■「15分ＵＤパーツ」その２　「つくる段階のパーツ」

「15分ＵＤパーツ」その２「つくる段階のパーツ」での資料の提示では、学習課題に対して自分の考えをもたせたり課題を解決するための「見通し」をもたせたりします。また、自分の考えをグループでの話合い活動で「共有化」させ、生徒が考えを深められるように資料を提示する必要があります。

■「15分ＵＤパーツ」その３　「まとめる段階のパーツ」

「15分ＵＤパーツ」その３「まとめる段階のパーツ」での資料の提示では、課題について解決したことをまとめます。また、これからの新しい学習内容や社会との関わり、身近な生活へと広げたり、応用したりすることができるように資料を提示する必要があります。

❷「15分UDパーツ」の段階に応じた資料を提示する

「15分UDパーツ」その1「つかむ段階のパーツ」では、生徒が学習課題に「価値」を感じられるような資料を準備し、「視覚化」して提示する方法が有効です。地理的、歴史的、公民的分野において、それぞれの学習課題に関連した動画を視聴することや写真資料を提示することは、生徒の興味や関心を高める上で有効です。特に実物資料を準備すると更なる効果が期待できます。生徒が「何ですか」「おー」と反応する資料を準備します。

〈地理的分野〉
・世界、日本の地域的特色に関連した動画や写真
・各産業に関連した産物などの実物資料
〈歴史的分野〉
・歴史的な建築物、歴史的事象に関連した動画や写真
・歴史的な事象に関連した実物資料
〈公民的分野〉
・現代社会に見られる事象に関連した動画や写真
・政治や経済の事象に関連した実物資料

「15分UDパーツ」その2「つくる段階のパーツ」では、学習課題を解決するための見通しをもたせる資料を「視覚化」して提示する方法が有効です。学習課題を解決するため

に、例えば、地図や各種グラフ、地域や歴史的な事象が比較できる資料や史料、絵図を提示します。また、公民的分野における課題に関連した各種グラフや対立している事象において、それぞれの立場からの資料を提示することも有効になります。

〈地理的分野〉
・課題に関連した地域の地図、各種グラフ
・いくつかの地域で比較ができる統計資料
〈歴史的分野〉
・課題に関連した歴史年表
・歴史的な事象の比較ができる資料や史料、絵図
〈公民的分野〉
・現代社会の課題に関連した各種グラフ
・現代社会で対立している事象に関連した資料

「15分ＵＤパーツ」その３「まとめる段階のパーツ」では、提示された資料を活用し、課題を解決できたことを振り返ることで、次の学習にも生かせるようにします。

24 ＩＣＴ機器を有効に活用して資料を提示する

❶「実物投影機」を活用して資料を提示する
❷「デジタル教科書」「タブレット」を活用して資料を提示する

❶「実物投影機」を活用して資料を提示する

まず、気軽に活用できるものとして、「実物投影機」を紹介します。すでに活用している先生方も多いと思います。「ＵＤの視点」を取り入れた授業を実践する際には、教師側も無理なく「継続性」をもてる方法で日常の授業を進める必要があります。「実物投影機」を活用することは、「焦点化」「視覚化」の視点からとても有効です。「実物投影機」を教室にある大型テレビにつなげるだけで、簡単に資料等を映し出すことが可能となります。

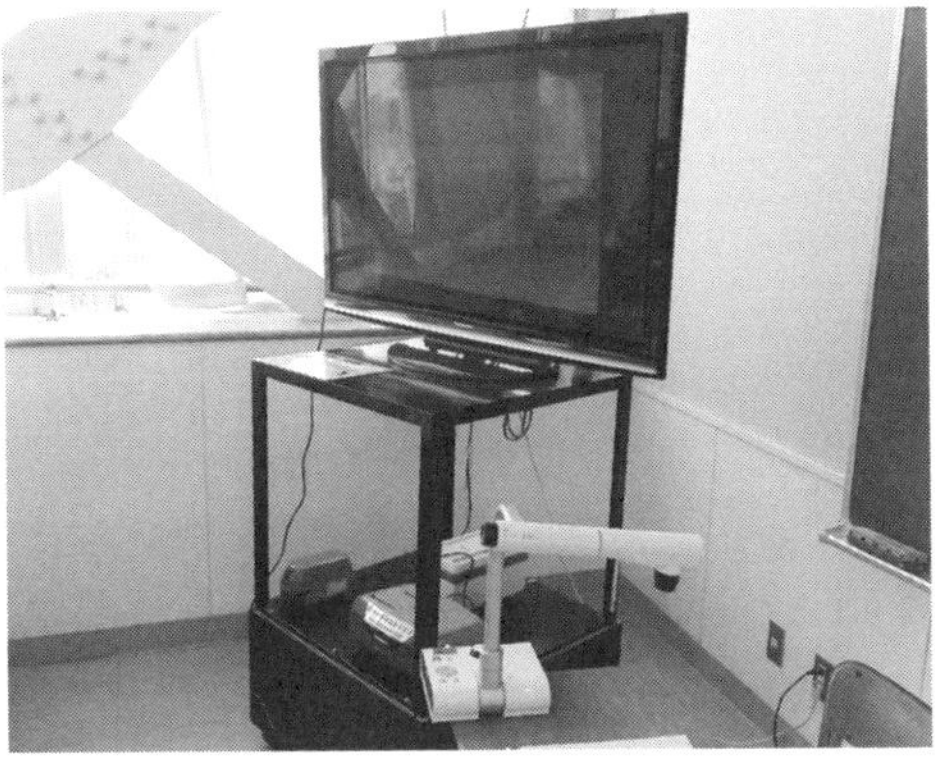

実物投影機

例えば、授業の始めに本時の「めあて」の内容を「焦点化」するために必要な資料や前時に学習した内容を「視覚化」したものを「実物投影機」を活用して見せます。そうすることで、本時は「どんな学習内容をどんな活動をすることで学ぶのか」について、教師側が言葉で説明するよりもわかりやすく伝えることができ、生徒は意欲をもって授業に取り組むことができます。

教師側が授業に必要なものを準備する際に、気軽に活用できることは、とても重要です。是非、教室に設置できるように準備してほしいと思います。

❷「デジタル教科書」「タブレット」を活用して資料を提示する

「実物投影機」のほかに「デジタル教科書」「タブレット」を活用することで、授業の始めに大型テレビに資料を提示し、「焦点化」することもできます。

「デジタル教科書」については、教科書の内容を「視覚化」することはもとより、「焦点化」する上でもとても効果的です。「デジタル教科書」は、まだ、教師用のみ配布されていることが多いため、大型テレビで効果的に共有します。

例えば、教科書にある図やグラフ、写真の中で特に大切な部分を拡大して提示します。また、動画コンテンツもあるので、生徒の学習活動への意欲を引き出すことができます。

また、「めあて」に関連のある資料、課題の解決のための見通しをもたせる資料、課題の解決に向けて追究するために必要な資料、授業のまとめや振り返りをするために必要な資料、次時の予告をするための資料など、学習活動に応じて資料を提示する方法を工夫することが簡単にできます。「焦点化」「視覚化」がしやすくなり、どの生徒も集中して学習に取り組むことができます。

一人一台端末の普及により、生徒は「タブレット」を活用し、手元で資料を見ることができるようになっています。「タブレット」の共有フォルダなどに、それぞれの学習活動の場面に応じた資料を教師側で準備しておき、課題を解決するために必要な資料を生徒が選択できるようにしておきます。

プレゼンテーションの作成

例えば、生徒一人ひとりがそれぞれの学習場面に応じた資料を活用し、「プレゼンテーション」を作成する学習活動を仕組みます。「継続性」をもって授業に取り入れることで生徒が主体的に資料を活用できるようになります。

このように資料提示・活用場面を工夫するために、「デジタル教科書」や「タブレット」を活用することは、「焦点化」、そして、「視覚化」の視点からとても有効です。

25 「タブレット」「パソコン」を活用して調べ活動をする

❶ 調べ活動の基礎として教科書、資料集を活用する
❷ 「焦点化」「視覚化」の視点で調べ活動をする

❶ 調べ活動の基礎として教科書、資料集を活用する

社会科授業において、課題を解決する学習場面を仕組むことはよくあります。その中で、教師側から「本時の課題を解決するために、調べ活動を行い、自分の考えをまとめてください」と伝え、生徒に活動を任せてしまうと、活動が上手く進まないことがあります。このような状況にならないように、「UDの視点」である「焦点化」「視覚化」を意識した、

「タブレット」「パソコン」を活用して行う調べ活動を紹介します。ただし、何の準備もなく実施しても効果的なものになりません。

例えば、調べ活動を行う際に、「本時は『パソコン』を使って課題と関連することを調べてください」と授業を進めるとします。生徒は何となくインターネットで課題に関する語句を検索しますが、情報が膨大で内容が難しく、まとめられずに授業が終わってしまうことがあります。そこで、調べることを「焦点化」「視覚化」するために、生徒がもっている教科書、資料集の内容をまとめさせることから始めます。教科書、資料集にある文章や資料などを根拠として、「教科書、資料集の○○ページに○○と書いてあります」「○○なことがわかりました」など、生徒に自分の考えをまとめさせます。

教科書、資料集の内容から自分の考えをまとめることは、調べ活動の基礎になります。日常の授業の中で、生徒が主体的に教科書、資料集を活用する場面を継続的に仕組みます。生徒が慣れていないときには、「教科書、資料集の○○ページ、○○ページを参考にしてください」と「焦点化」することも必要です。この活動を継続することで、「タブレット」「パソコン」を活用して行う調べ活動がスムーズにできるようになります。

❷「焦点化」「視覚化」の視点で調べ活動をする

日常の授業で、教科書、資料集の活用を調べ活動の基礎として継続させつつ、「タブレット」「パソコン」を活用して調べ活動も行います。一人一台端末の普及により、これまで以上に効果的に「タブレット」「パソコン」を活用することができます。そこで、「タブレット」「パソコン」の活用について、「焦点化」「視覚化」の視点から紹介します。

これまで教科書、資料集を活用した調べ活動を継続してきたことで、「どんな資料を」「どのくらいの文章」にまとめたらよいかについて、生徒が自ら「焦点化」「視覚化」し、見通しをもって調べ活動を進めることができます。調べ活動をする時間が多ければ多いほど内容を深められるわけではありません。決められた時間内で調べ活動をすることを生徒に明確に伝えておきます。

自分で調べることが難しい生徒については、教師側で調べるページを指定して、その内容をまとめることを伝えます。ここでも「どんな資料を」「どのくらいの文章」にまとめるのかを明確にしながら支援をします。

また、「デジタル教科書」が活用できる環境であれば、教科書にある調べ活動に必要な資料等を「焦点化」「視覚化」して、生徒にわかりやすく提示できるので、生徒が主体的に調べ活動を行うことができます。

例えば、地理的分野「世界の諸地域」の「北アメリカ州」の「アメリカの農業について紹介しよう」の課題では、課題を解決するために「デジタル教科書」を活用することで「アメリカの農業分布図」「アメリカの農業の様子」などを「焦点化」「視覚化」した資料や動画を見ることができます。

次に、調べ活動をする時間を20分と決めて、一人一台端末でインターネットを活用しながら調べ活動を行います。生徒はこれまで教科書、資料集の活用を調べ活動の基礎として継続して行っているので、アメリカの農業の特色についても、インターネットから必要な資料を集めることができます。

作業が進んでいない生徒については、アメリカの農業について調べられるページを教師側が助言して、時間内にまとめられるように支援します。

また、「タブレット」「パソコン」を活用した調べ活動での「焦点化」「視覚化」により、気候や地形など、自然環境による適地適作がアメリカの農業の特色であるという学習を深めることができます。

26 話合い活動がスムーズに進む「話合いマニュアル」を活用する

❶「役割分担」と「時間設定」を明確に決める
❷「話合いマニュアル」をもとにどの生徒も参加できるようにする

❶「役割分担」と「時間設定」を明確に決める

グループでの活動で、生徒がお互いに考えを出し合いながら、協力して主体的に課題を解決していく。教師であれば誰もがこのような授業を目指したいと思っています。

しかし、実際には、生徒同士の意見交換が行われず、数名の生徒が発言し、その生徒の意見を無理やりグループの意見としてまとめてしまうことがよくあります。

「この学級には活発に意見を出す生徒が少なく、話合い活動をすることは難しいです」と聞くことがあります。どの生徒も参加できる話合い活動にするために必要なことは、「役割分担」と「時間設定」を明確にすることです。

まず、話合い活動の人数は４人が適当です。６人だと多すぎてお客さんになる生徒が出てきます。４人であれば「役割分担」も明確になります。具体的には、「司会者」「記録者」「発表者」の三つの役割を３人で分担し、１人は特に役割無しとします。ここでのポイントは、話合い活動を単元の中で複数回取り入れることです。その度に「役割分担」を交代します。話合い活動を４回行えば、全員すべての役割を経験できます。

また、話合い活動での「時間設定」を決めて、「自分の意見を出す時間」「グループでまとめる時間」「グループの意見を発表する時間」などを事前に伝えておきます。そうすることで、生徒は安心して見通しをもって話合い活動に取り組むことができます。

《どの生徒も参加できる話合い活動にするために必要なこと》

話合い活動を始める際に「役割分担」と「時間設定」を伝える。

❷「話合いマニュアル」をもとにどの生徒も参加できるようにする

「役割分担」と「時間設定」を決めて話合い活動を進めさせますが、生徒にとって話合いをして意見をまとめることはとても難しいことです。特に特別な支援が必要な生徒は何をすればよいのかわからず不安になります。

そこで「話合いマニュアル」を活用して、活動を「視覚化」をし、マニュアル通りに話合いを進めるよう指示します。「話合いマニュアル」を活用することで話合い活動をスムーズに進められます。「話合いマニュアル」には、意見の伝え方やまとめ方も示されているので、どの生徒も自信をもって司会進行や発言、まとめができるようになります。

初めは型通りで意見が深まるのかと疑問に思うかもしれませんが、生徒に自信をもって発言できる話合い活動を複数回経験させることが必要です。複数回経験することで「話合いマニュアル」を見なくても話合い活動を進めることができるようになり、意見をスムーズにまとめ、深められるようになります。

年　組　番 名前

○司会、板書、発表係を決めてください。

めあて

司会：
これから「　　　　　　」ということについてグループで話合いを始めます。

司会：
それでは、自分の考えた意見を発表してもらいたいと思います。
その際、他の人はノートに簡単なメモを取っておいてください。

司会：
（　　　　）さんからお願いします。（自分の意見を発表してもらう）ありがとうございました。
※この発表をグループ全員にしてもらう。

司会：
それでは、今のみんなの発表を聞いて、グループとしての意見をまとめたいと思います。

司会：
まず、ぞれぞれの発表について、質問などはありませんか？

司会：
なければ、グループとしての意見をまとめたいと思いますが、どの意見がよいと思いますか？
※考える時間をとる。

司会：
（　　　　）さんからお願いします。（自分の意見を発表してもらう）ありがとうございました。
※この発表をグループ全員にしてもらう。

司会：
それでは、グループでまとめたいと思いますが、どの意見がよいと思いますか？
※ここでグループとしての意見をまとめる。

司会：
自分たちのグループでは「　　　　　　　」について、
（　　　　　　　）であるという意見になりました。

司会：
それでは最後に、自分のノートにグループとしての意見を書いてください。

司会：
これで「　　　　　　」についての話合いを終わります。
ありがとうございました。
※みんなで拍手！

話合いマニュアル（司会用）

27 話合い活動の議題について教師が論点整理をする

❶ ディスカッション的な活動ができるように「論点」を「焦点化」する
❷ 「焦点化」した論点をわかりやすく「視覚化」する

❶ ディスカッション的な活動ができるように「論点」を「焦点化」する

「UDの視点」の一つである「共有化」の視点から、自分の考えをグループでの話合い活動で深めていく方法を紹介しました。課題を解決する学習活動では、生徒を2項（賛成か反対かなど）のいずれかの立場に立たせ、考えを深めさせるディスカッション的な活動を仕組むことがあります。このディスカッション的な活動は、生徒が主体的に自分の考えと他者の考えを比較しながら、自分の考えを深めることができ、「思考・判断・表現」の力が高まることが期待できます。しかし、何の準備もなく生徒に「この課題について、賛成か反対か、グループでディスカッションをして、最終的な自分の考えをまとめてください」と指示しても上手くいかないことが多いです。

これまでにも紹介したように、「焦点化」した課題を提示すること、「視覚化」した「話合いマニュアル」や資料を準備することが必要です

グループでの話合い活動でディスカッション的な活動を行う場合には、課題に対して、生徒を「賛成か反対か」などの立場に立たせ、自分の考えをまとめさせ、「立論」「反論」「最終弁論」の流れで進めさせます。

また、自分の考えをまとめさせる際には、生徒に自由に考えさせると「論点」が「焦点化」したものにならず、ディスカッション的な活動で話が噛み合わなくなります。ここで大切なことは、教師側であらかじめ「論点」を「焦点化」して整理しておくことです。そうすることで、どの生徒も自分の考えをまとめる際に、共通の「論点」からまとめることができます。

❷「焦点化」した論点をわかりやすく「視覚化」する

公民的分野の「財政及び租税の役割」の単元の「消費税を上げることに賛成か反対か」の課題を例に説明します。グループでの話合い活動でディスカッション的な活動を行う際には、「社会保障はどうするか」「直接税・間接税などの税収の平等性」「諸外国との比較」の「焦点化」した三つの論点から生徒に考えさせます。また、「立論」「反論」「最終弁論」の流れで進めさせることで先程の三つの論点から生徒に考えをまとめさせることができ、話合いが噛み合うようになります。

「社会保障はどうするか」では、「少子高齢化の対策として、社会保障費を確保する」「社会保障費のためでも日常生活に負担になるのはよくない」、「直接税・間接税などの税収の平等性」では、「消費税により税を平等にする」「直接税・間接税の税制の見直しをする必要がある」、「諸外国との比較」では、「諸外国と比較して少ない」「諸外国と課税の対象が違うので単純に比較するのはよくない」など、論点を整理することができます。

消費税を上げることに賛成か反対か

	「賛成」	「反対」
立論	①少子高齢化の対策として，社会保障費を確保する。 ②消費税により税を平等に負担する。 ③諸外国と比較して少ない。	①社会保障費のためでも日常生活に負担になるのはよくない。 ②直接税・間接税などの税制の見直しをする必要がある。 ③諸外国と課税の対象が違うので単純に比較するのはよくない。
反論	①税収を増やすためには仕方がない。 ②消費税で税負担を平等にするべきである。 ③間接税と直接税の割合を変えていく必要がある。	①税制の見直しをすればよい。 ②きちんと納めていない状況がある。（益税） ③税制の見直しが上手くできないのではないか。
最終弁論	①税制を見直して，社会保障の充実を行うべきである。 ②きちんと納めさせるために平等に税負担するべきである。 ③直接税を下げて，諸外国のように消費税を上げるべきである。	①現在のままでは国民に負担感を与えるのでよくない。 ②税制の見直しが期待できない。 ③諸外国のように取りすぎるのはよくない。

28 どの生徒も自分の考えを表現できるようにホワイトボードの活用を工夫する

❶ ホワイトボードの活用を工夫する
❷ 「ポジショニング活動」でどの生徒も参加できるようにする

❶ ホワイトボードの活用を工夫する

ここでは、グループでの話合い活動でまとめた意見を発表する際に、発表用のホワイトボードに意見を記入して「視覚化」し、発表する事例を紹介します。

ホワイトボードを活用して発表する実践はよくありますが、ホワイトボードに「何を書いたらよいのか」「どのくらい書いたらよいのか」「誰が書くのか」などが明確にされておらず、意欲的に取り組む生徒のみが活動して、活動に参加せずただ見ているだけの生徒もよく見られます。そうならないために、グループでの話合い活動を行う際には、司会、記録、ホワイトボード作成などの役割分担を決めておきます。

また、グループで話し合った内容については、「○○について、○○と思いました。理由は資料の○○から○○ということが言えるからです」と記述の仕方を例示して、2～3行程度でまとめるように指示します。他の学級でまとめられたホワイトボードを参考として提示することで、生徒がスムーズに作業に取り組めるようになります。

「焦点化」「視覚化」「共有化」したホワイトボードは生徒の考えを深めるためにとても有効です。継続的に取り入れることで、内容もよくなっていきます。

ホワイトボードの活用

❷「ポジショニング活動」でどの生徒も参加できるようにする

先程述べた活動では自分の考えが反映されないことがあり、学習への意欲が低下してしまうことがあります。そこで、生徒一人ひとりに考えを必ず表現させるために、ホワイトボードを活用した「ポジショニング活動」がとても効果的です。

歴史的分野の「武家政治の動き」を例に説明します。「室町文化を代表するものは金閣か銀閣か、武家文化か公家文化か」について、ホワイトボードを四つに分けて、自分の考えを「選択・判断」させます。例えば、４人グループの場合、それぞれの生徒にＡ、Ｂ、Ｃ、Ｄなどのマークを置くように指示し、「なぜ、そこを選んだのか、理由も教えてください」と聞きます。生徒は「金閣か銀閣か、武家文化か公家文化か」の視点から室町時代の文化についての自分の考えを表現することができます。

この活動では、生徒一人ひとりが言葉にすることが難しい考えまで表現することができるので、どの生徒も自分の考えを視覚的にわかりやすく表現できます。さらに、自分がなぜその場所を選んだかについて、理由を自分なりにまとめられるので、安心して自由に表現することができます。

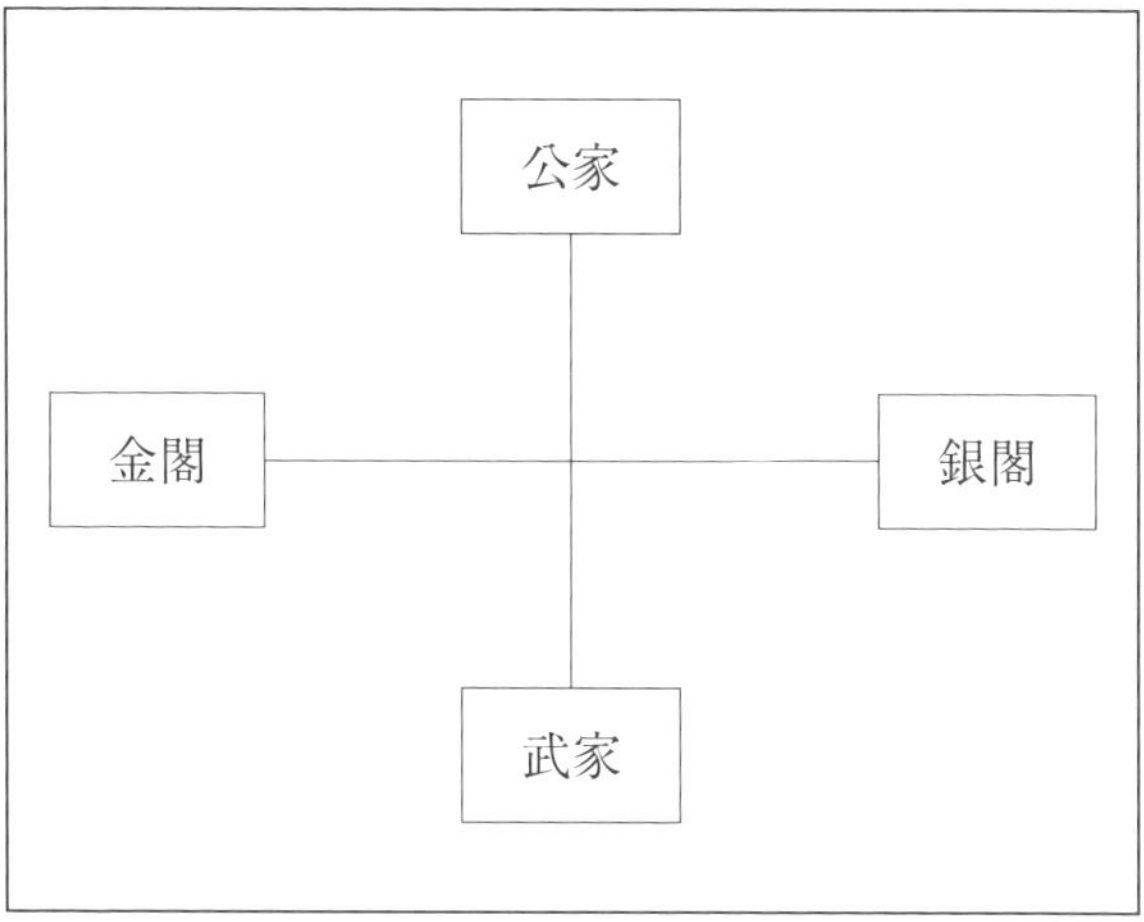

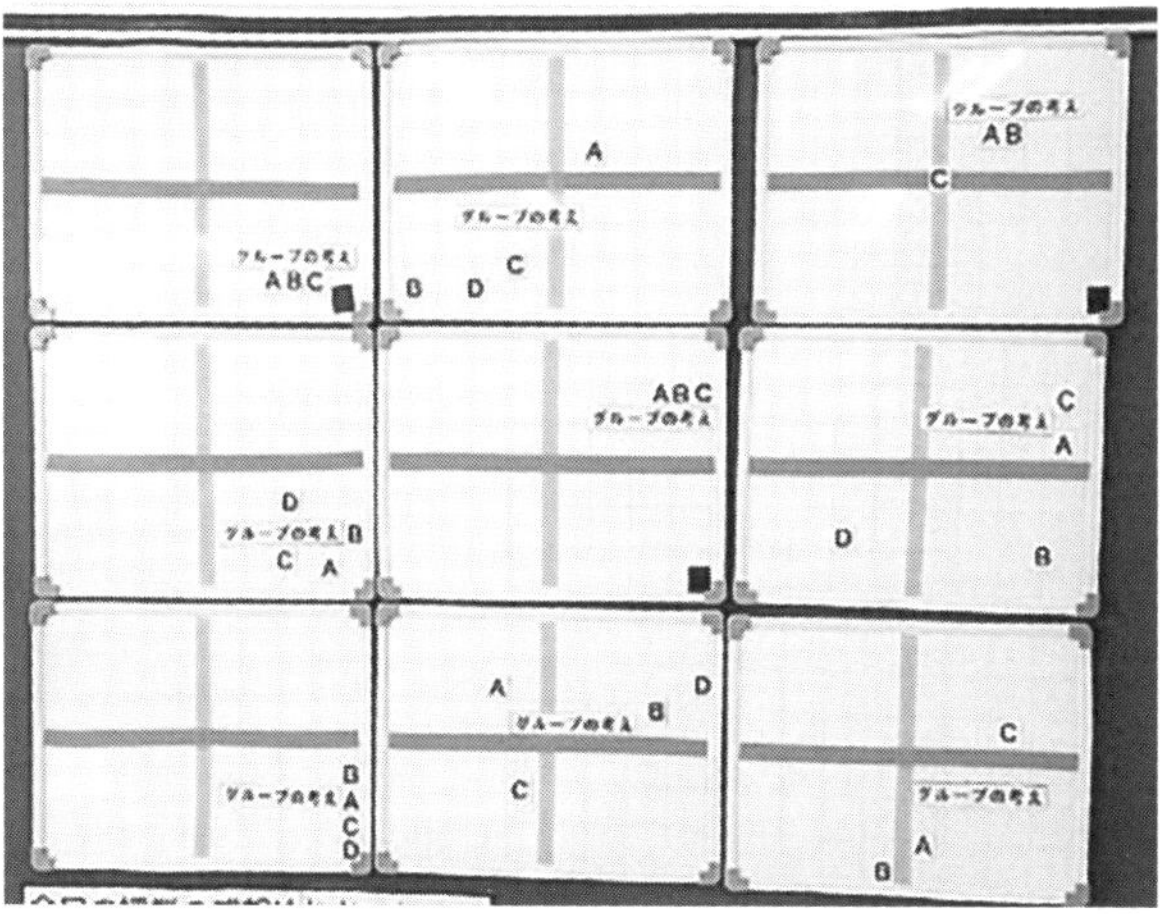

ポジショニング活動

29 教師によるまとめの場面と生徒によるまとめ・振り返りの場面を設定する

❶ 教師によるまとめの場面を設定する
❷ 生徒によるまとめ・振り返りの場面を設定する

❶ 教師によるまとめの場面を設定する

学習したことをまとめる場面では、「焦点化」「視覚化」を意識し、どの生徒にもわかるようにすることが必要です。

社会科授業において、教師によるまとめを行う際に大切なことは、どの生徒にもわかるように「焦点化」すること、どの生徒にとっても見やすいように「視覚化」することです。

「重要語句はキーワードとして書く」「文章は短く説明文にならないようにする」などの工夫をします。生徒がノート・ワークシートに書く際に、「書き写すのが大変だ」「時間がないので書き写すのはやめよう」という気持ちにならないように教師側が生徒の活動の様子をよく見ながらまとめることが大切です。

生徒が授業時間内に余裕をもってまとめられる内容にすることで、「この授業で大切なことはこれか」「これからこの語句を活用していけばよいのか」「時間内にノート・ワークシートにまとめることができた」と生徒が授業後に振り返ることができるようにします。教師側がまとめる場面を「焦点化」「視覚化」することを心がけます。

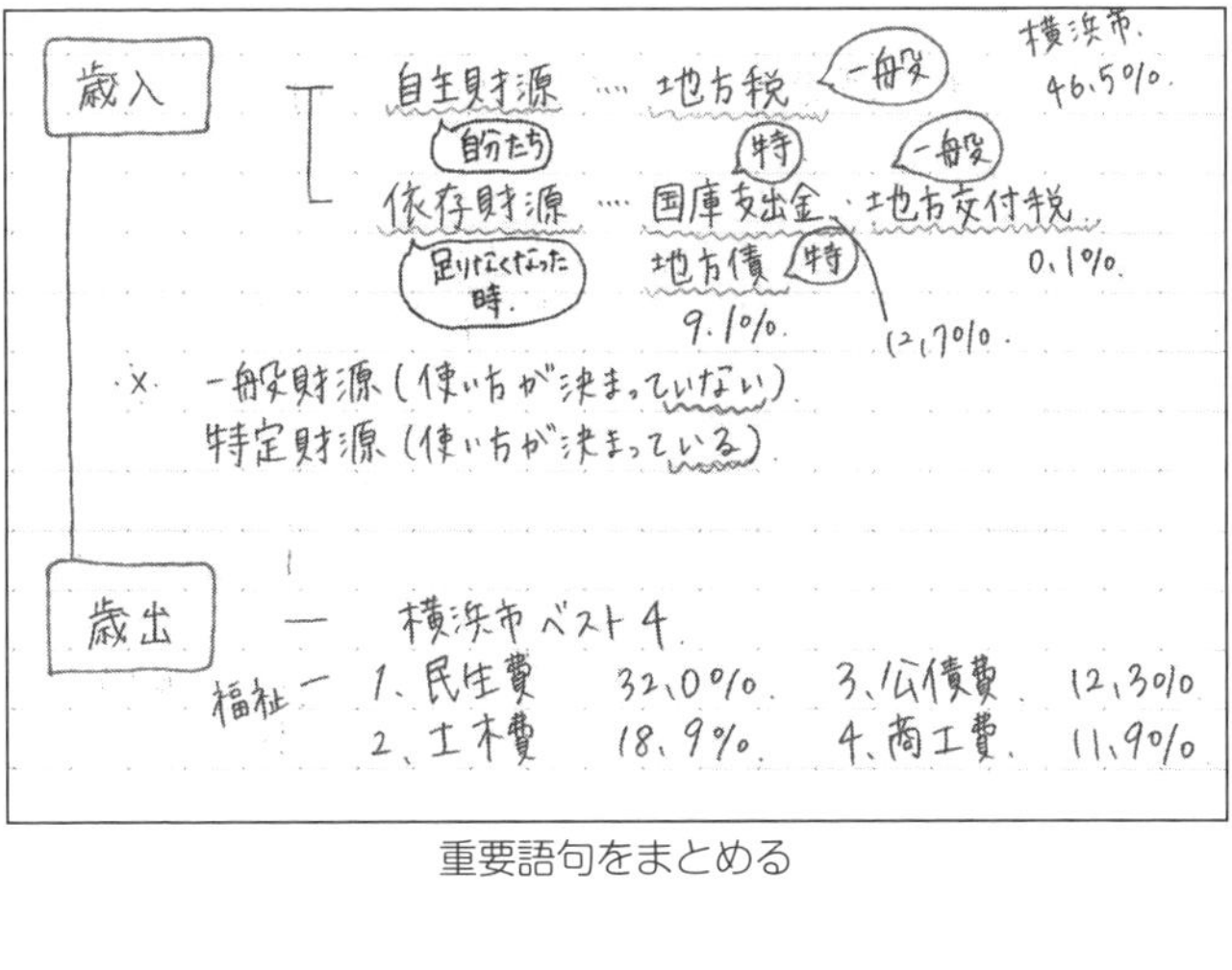

重要語句をまとめる

❷ 生徒によるまとめ・振り返りの場面を設定する

教師側で学習の内容をまとめる際には、生徒がノート・ワークシートを書き写すことに時間を使い過ぎないようにする必要があると紹介しました。

ノート・ワークシートにどの生徒も安心して自分の考えなどを表現できることは「UDの視点」を取り入れた授業を仕組む際に最も大切なことです。文章のまとめ方・書き方など、「UDの視点」を取り入れた授業を継続することで、どの生徒も、授業の中で調べたことや考えたことを自分なりに安心して表現できるようになります。

最後に、ノート・ワークシートに、本時の授業でわかったことや感想を書かせることで、授業のまとめ・振り返りをさせます。しっかりと時間を確保することで、どの生徒も授業の内容を振り返ることができます。

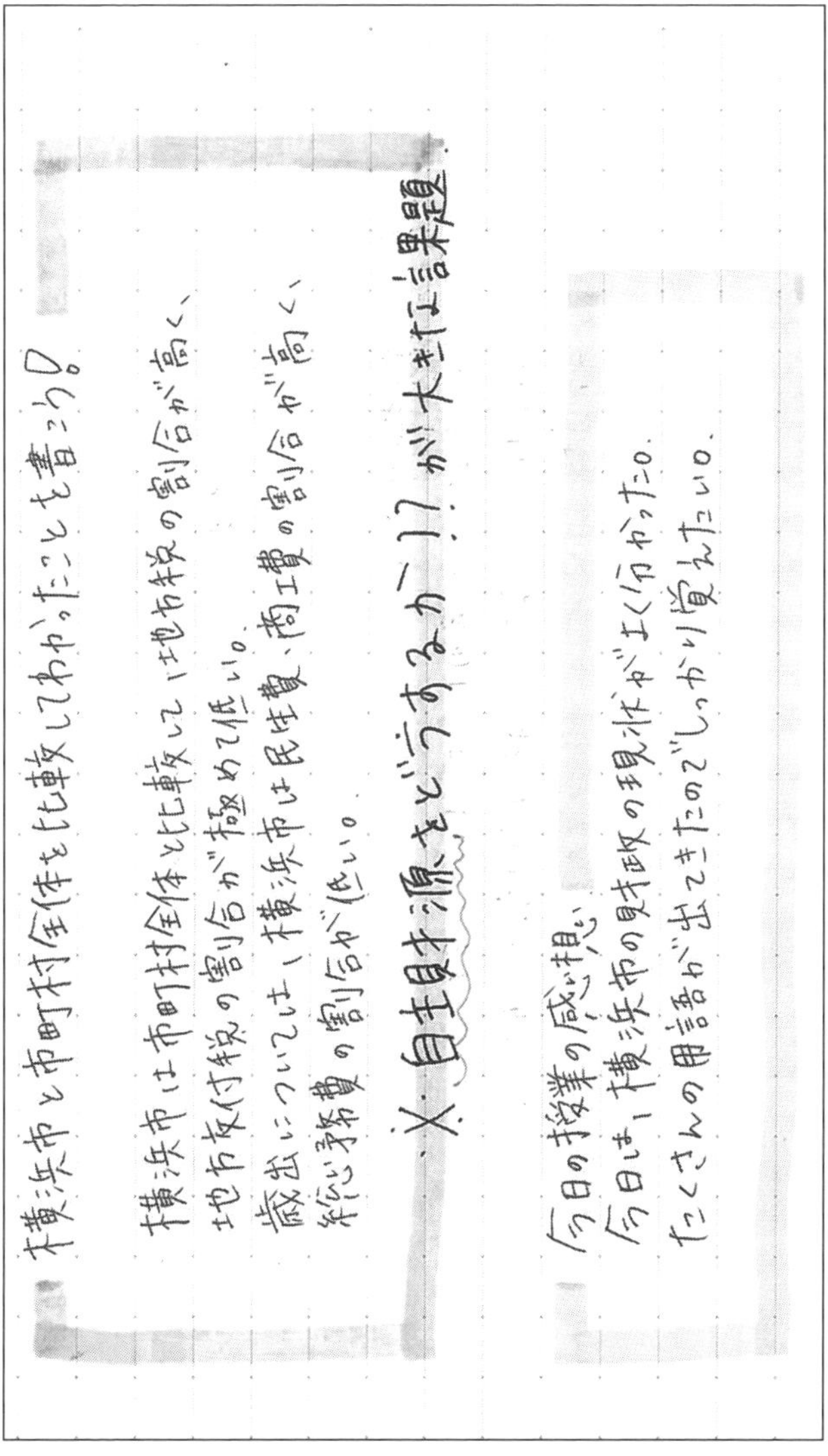
横浜市と市町村全体を比較してわかったことを書こう!

横浜市は市町村全体と比較して、地方税の割合が高く、
地方交付税の割合が極めて低い。
歳出については、横浜市は民生費、商工費の割合が高く、
総務費の割合が低い。

※自主財源をどうするか!?が大きな課題

今日の授業の感想
今日は、横浜市の財政の現状がよく分かった。
たくさんの用語が出てきたのでしっかり覚えたい。

授業でわかったことや感想

30 個人とグループによるまとめ・振り返りの場面を設定する

❶ 個人によるまとめの場面を設定する
❷ グループでの話合い活動をし、個人の振り返りの場面を設定する

❶ 個人によるまとめの場面を設定する

ここでは、「共有化」の視点から、学習のまとめ・振り返りをする方法を紹介します。

まず、個人で自分の考えをまとめる際には、教師側でまとめた内容や提示した課題に対して、「自分の立場がわかるように書くこと。その際、この立場を選んだ理由も書くこと」「文章はあまり長くならないようにまとめて書くこと」などを心がけるように指示します。

「焦点化」「視覚化」を意識しながらまとめるようにすることも伝えます。

社会科授業で、教師は「どの生徒も自分の考えを自由に書くこと」を期待しますが、生徒にとって、自分の考えをまとめて表現することは難しいことです。

生徒が自信をもって自分の考えを表現できるように日常の授業から生徒が自分の考えを表現できるような活動を仕組んで「継続性」をもって取り組む必要があります。

生徒が表現した内容については「しっかり自分の考えを書くことができましたね」と評価をすることで、生徒は意欲的に書くことができるようになります。

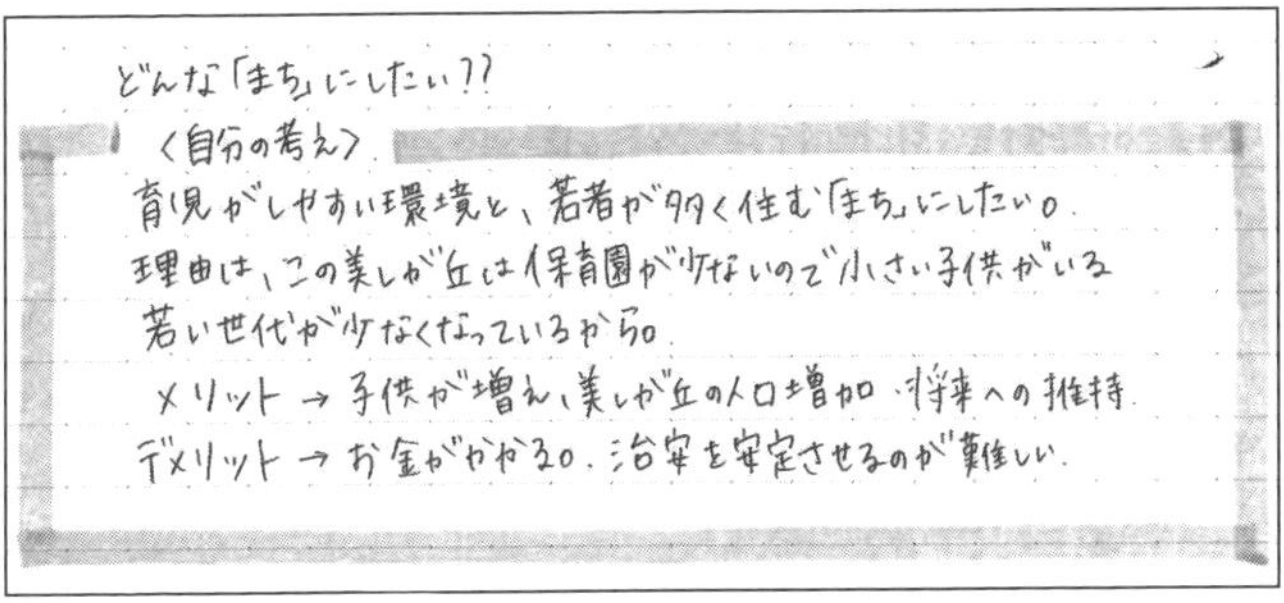

自分の考えをまとめる

❷ グループでの話合い活動をし、個人の振り返りの場面を設定する

個人で自分の考えをまとめることができたら、グループでの話合い活動を通して「共有化」します。そして、最後に個人の振り返りの場面を設定します。

生徒は自分の考えをまとめるときに、「この意見でよいのだろうか、他の人はどう考えているのだろうか」と不安に感じることがあります。そこで、グループでの話合い活動を通して「共有化」することで、生徒は「他の人はこんなことを考えているのか」「自分の考えを発表できたのでよかった」「この意見を自分の考えに加えていこう」など、思考を深めることができます。

公民的分野の「地方自治の住民の権利と義務」の「自分たちのまちづくりについて考えを深めてみよう」という課題を例に説明します。

「どんなまちにしたいか」について自分の考えをまとめさせた上で、グループでの話合い活動を行い、グループとしての考えを出させます。さらに、他のグループの考えを紹介し、参考にさせます。

最後に、本時の授業でわかったことや感想を、ノート・ワークシートに書かせ、学習の

まとめ・振り返りを行います。グループでの話合い活動を行うことで、自分の考えを深めることができます。

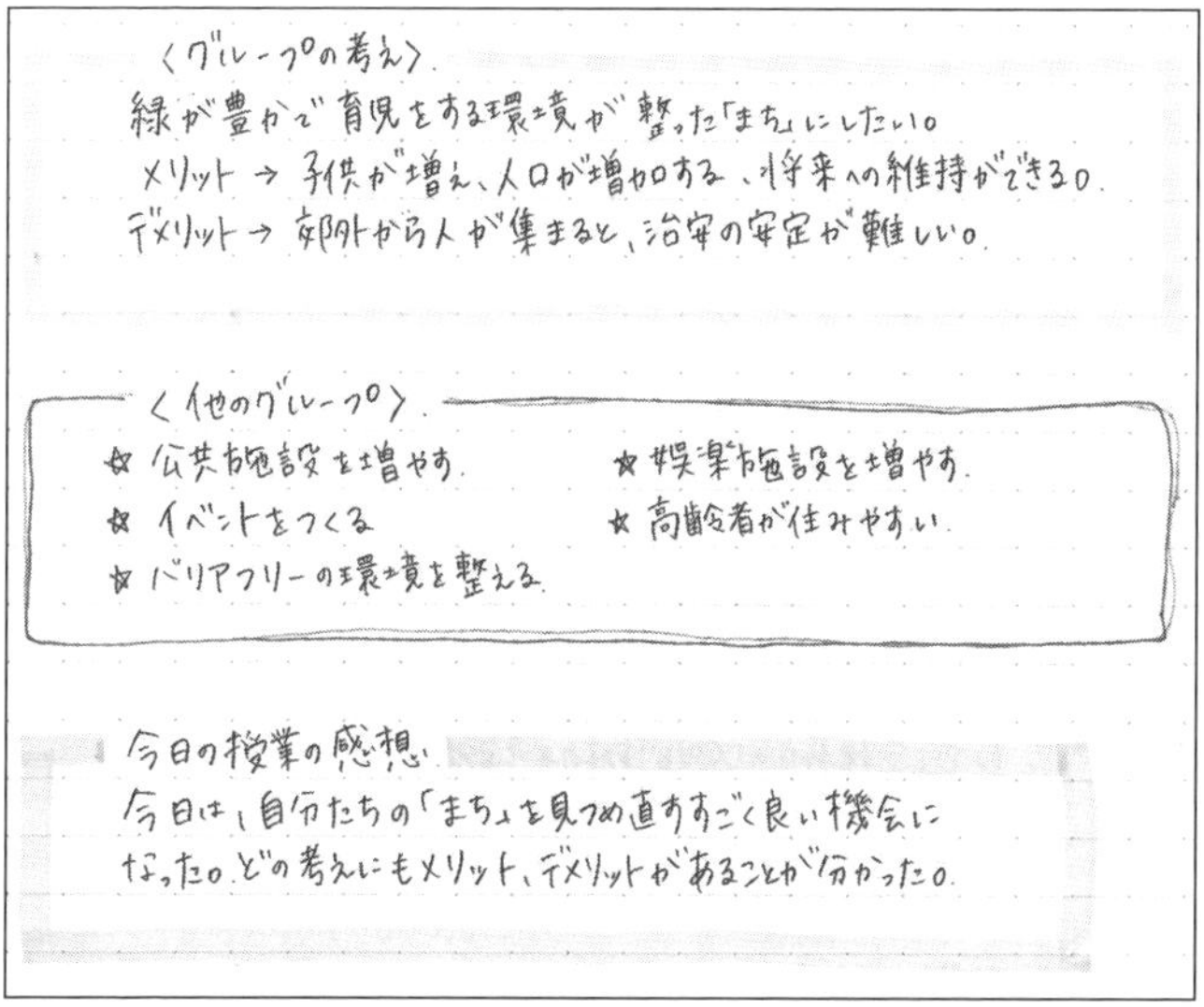
〈グループの考え〉
緑が豊かで育児をする環境が整った「まち」にしたい。
メリット → 子供が増え、人口が増加する、将来への維持ができる。
デメリット → 郊外から人が集まると、治安の安定が難しい。
〈他のグループ〉
☆公共施設を増やす。
☆娯楽施設を増やす。
☆イベントをつくる
☆高齢者が住みやすい。
☆バリアフリーの環境を整える。
今日の授業の感想
今日は、自分たちの「まち」を見つめ直すすごく良い機会になった。どの考えにもメリット、デメリットがあることが分かった。

グループでの話合い活動の内容をまとめる

31 アウトプット・発表の場面を設定する

❶「タブレット」を活用して自分の考えをアウトプット・発表させる
❷グループでの話合い活動で「共有化」したものをアウトプット・発表させる

❶「タブレット」を活用して自分の考えをアウトプット・発表させる

学習のまとめ・振り返りの活動において、生徒が主体的に意欲をもってアウトプット・発表する場面を設定する方法について紹介します。

地理的分野の「世界の諸地域」の「アジア州」の「インドにＩＴ会社をつくる条件として何を重視するか」の課題を例に説明します。学習のまとめ・振り返り活動場面で「タブレット」を活用したアウトプット・発表の場面を仕組みます。

生徒は「インドにＩＴ会社をつくる条件として何を重視するか」について、「人件費の安さ」「教育水準（英語、理数）の高さ」「アメリカとの貿易における時差」の三つの条件の中から重視する項目を選びます。そして、その理由について、アウトプット・発表できるように、補足資料を活用しながらノートにまとめさせます。

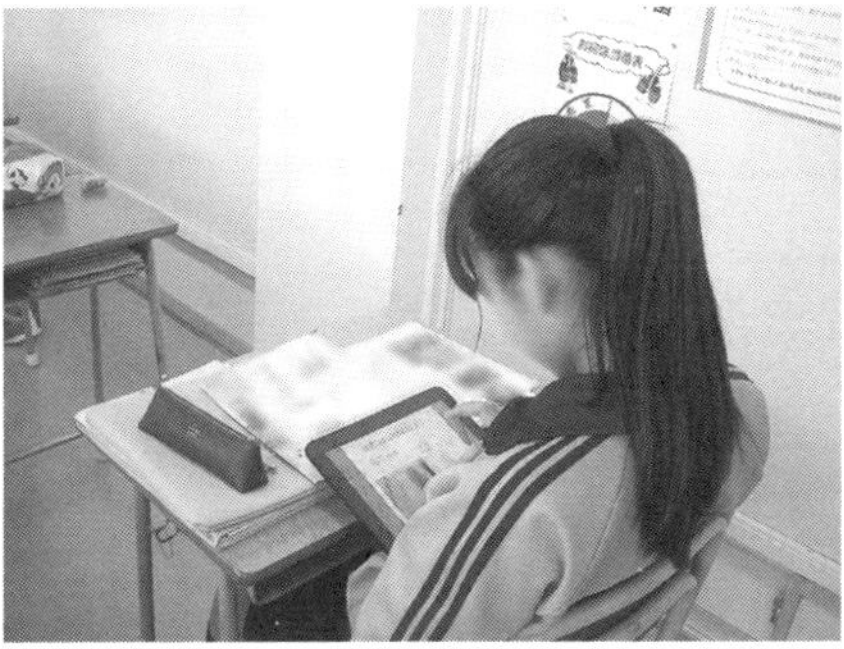
自分の考えをアウトプットする

生徒はノートに自分の考えをまとめたら、「タブレット」を活用して、自分の考えを表現する「プレゼン」のための準備を行います。

ここでは、ノートにまとめた自分の考えを、他者にとって見やすく、わかりやすく伝えるため、工夫して準備を進めます。

「タブレット」を活用し、自分の考えをアウトプット・発表することで、本時に行った学習のまとめ・振り返りについて、生徒が主体的に意欲をもって取り組むことができます。

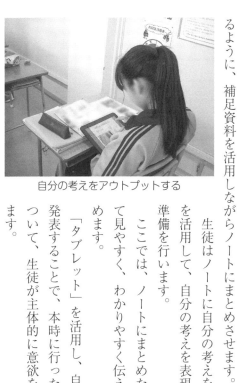

❷ グループでの話合い活動で「共有化」したものをアウトプット・発表させる

次に「共有化」の視点から、４人１組のグループをつくり、話合い活動を行います。まず、「プレゼン」によって、グループ内で意見を「共有化」します。グループで「共有化」することで、自分とは違った視点からの考えを知ることできます。本時の学習のまとめ・振り返りの内容についても、より深めることができます。

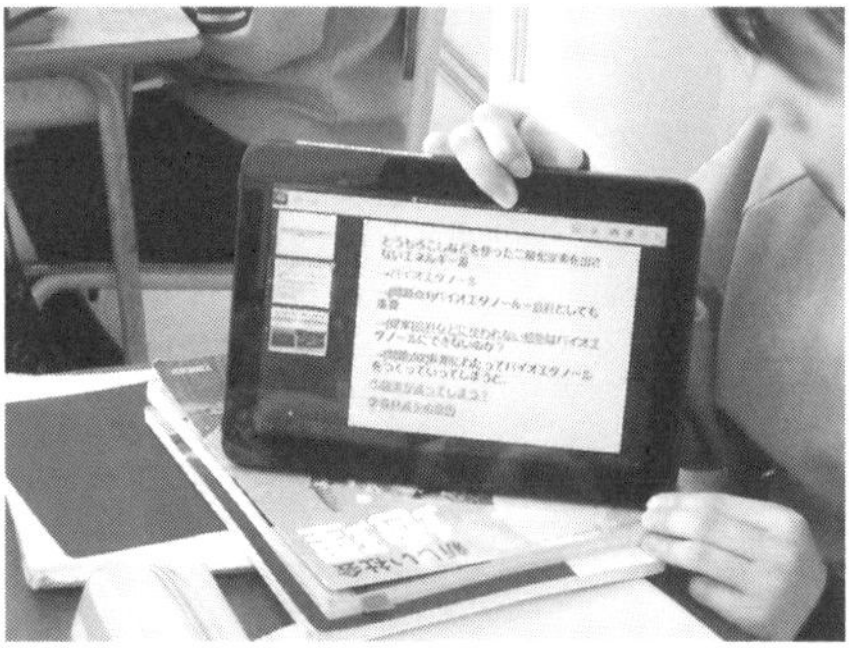
プレゼンの様子

プレゼンによる「共有化」

グループでの話合い活動でまとめられた意見は、各グループの代表者が、教室に設置された大型テレビを活用して、「視覚化」した「プレゼン」をしました。

この活動は、主体的に本

グループの代表によるプレゼンで「共有化」

時のまとめ・振り返りをするためのアウトプット・発表の場面として効果的なものになります。

また、この活動を継続していくことで、生徒は学習内容をとても深めていきます。

32 身に付ける観点を確認できる「単元テスト」「定期テスト」を作成する

❶ 計画的に「単元テスト」を行う
❷ 日常の授業が生かされる「定期テスト」にする

❶ 計画的に「単元テスト」を行う

日常の授業では、「知識・技能」「思考・判断・表現」のどの観点を身に付けるのかを「焦点化」し、学習のまとめ・振り返り活動場面を仕組む必要があります。

そして、単元を通して、「知識・技能」「思考・判断・表現」の観点がどのくらい身に付いているかを確認するために計画的に「単元テスト」も行います。

計画的に「単元テスト」を行うことで、生徒は日常の授業で学んだことを復習する習慣を身に付けることができます。

また、授業で学習したことが「単元テスト」に出題され、学習の成果が点数として見えるようになることで、どの生徒も安心して自信をもって学習に取り組むことができます。

その中で、支援が必要な生徒のために、「単元テスト」に役立つ「学習内容の確認プリント」などを自宅学習などに活用できるように準備しておくことも有効です。

「単元テスト」の実施計画については、学期の始めに生徒に伝えることで「見通し」をもたせながら学習を進めさせることができます。

○単元テストの計画表を提示する。
↓
○単元①
※「学習内容の確認プリント」
「知識・技能」「思考・判断・表現」の観点を「焦点化」した問題
↓
○単元②
↓
○単元③
※継続して行う。

❷ 日常の授業が生かされる「定期テスト」にする

学期ごとに行われることが多い「定期テスト」について紹介します。

「単元テスト」の積み重ねが「定期テスト」になるイメージです。「定期テスト」は各種入試問題とは異なるものです。日常の授業における学習のまとめ・振り返りができるものにする必要があります。そのためにも、日常の授業で「どんなことができればよいのか」「どんなことがわかればよいのか」「どんなことが表現できればよいのか」などを「焦点化」します。また、「視覚化」「共有化」の視点を取り入れた授業により、「知識・技能」「思考・判断・表現」の観点を明確にして、生徒が身に付けていくようにします。定着の状況は教師側で確認します。

「定期テスト」の内容についても生徒が授業の中で取り組んだことを基本としながら、「知識・技能」「思考・判断・表現」の観点がわかるように出題する必要があります。

そこで、「単元テスト」「定期テスト」を行う際には、出題する問題について、出題の意図を明確にする必要があります。

「知識・技能」「思考・判断・表現」のどの観点についての問題であるかを「焦点化」す

ることで、生徒が学習の振り返りをする際に、自分ができているところ、できていないところ、どの観点に力を入れる必要があるかを把握できるようにします。

【観点による出題意図を「焦点化」した問題の例】

（知識・技能）

・南アフリカ共和国の位置について答えさせる問題
・赤道の位置を地図から読み取らせる問題
・南アフリカ共和国の貿易について資料から読み取らせる問題

（思考・判断・表現）

・東南アジアの貿易に関係のある資料を選ばせる問題
・東南アジアで夏の季節風の影響がある地域について地図から選ばせる問題
・インドのIT産業が発達した要因について考えさせる問題
・熱帯林の伐採・開発の是非について考えさせる問題

第3章

「UDの視点」でつくる社会科授業の指導案づくり

1 「UDの視点」を取り入れた指導案のスタイルを決める

❶ 学校として共通して取り組めるものを目標にする
❷ 「UDの視点」を四つ入れる

❶ 学校として共通して取り組めるものを目標にする

「UDの視点」を意識した授業案を学校として作成することを目標にします。学校として「UDの視点」を意識した指導案を作成することで、各教科の担当が「UDの視点」を意識した授業を構成することができます。中学校は教科担任制であるため、学校全体で共通した指導案で授業を構成することは難しいです。共通して取り組むためには、内容ではなく、授業の方法から入るとよいです。

共通した指導案にすることで、中学校の授業研究会でよく見られるような「自分の専門以外の教科の授業はわかりません」といった発言をなくすことが可能となります。先生方の間で「これはＵＤかな？」「今度はこの場面でＵＤを意識した授業をしてみよう」などの会話が聞かれるようになるとうれしいものです。

また、「学校で共通した指導案の作成を進めるときに、指導案をほとんど書いたことがない初任者などはどうしたらよいかわからず、困惑してしまいます。このようなときには、わかりやすい指導案の書き方の手順書を用意します。指導案を書く苦痛をなくし、継続するための工夫です。公開研究会などと異なり、校内での授業研究などを気軽に行うためには、指導案はＡ４用紙１枚に収まり、ポイントが明確に示されたものがよいです。指導案を書くことに時間をかけてしまい、授業の準備がおろそかになってしまうことで、実際に授業が上手くいかないケースが多くあります。そのような状況は避けたいものです。

まず、指導案に書く学習活動を大きく四つ程度に分けます。その活動ごとに必要な内容をわかりやすく記述し、その活動がスムーズに進むような手立てを記述します。

また、本時の目標に対して、評価規準を決め、「めあて」と評価場面を示します。評価規準は1時間に一つにします。1時間の授業で二つ、三つの評価を行うのは不可能です。

❷「UDの視点」を四つ入れる

「教室環境の整備」「焦点化」「視覚化」「共有化」の四つの「UDの視点」を入れます。「UDの視点」を取り入れた授業実践ではよく使われている視点です。自分が勤務している学校に必要な「UDの視点」は何かを検討して取り入れる必要があります。中学校では授業研究が上手く進められていないことが多くあります。無理のない範囲で実践する必要があります。

「UDの視点」の四つの視点を授業展開に応じて取り入れる必要もあります。例えば、「15分UDパーツ」の「つかむ段階のパーツ」「つくる段階のパーツ」「まとめる段階のパーツ」それぞれに、「教室環境の整備」「焦点化」「視覚化」「共有化」の視点を意識的に取り入れます。このスタイルを「継続性」をもって実施することで授業もスムーズに進められるようになります。

《「UDの視点」を取り入れた授業》

視点1 「学習環境の整備」を行う

・学習活動に集中して取り組ませるために、学習環境を整える必要がある。棚や机周りの整理を行わせること（バックなどの荷物を椅子の下に入れさせるなど）を心がける。黒板もきれいに消すなどの準備をする。

視点2 学習内容・活動に見通しがもてるように「めあて」などを「焦点化」する

・授業を開始する際に本時に行う学習内容・活動に見通しがもてるように「焦点化」する。教室の場合は「めあて」などを板書するとよりわかりやすい。

視点3 板書などを用いて「視覚化」する

・必要な内容を整理して板書する。板書に視覚的な手がかり（色、線、囲みなど）を用いる。

視点4 表現したものを「共有化」する

・生徒一人ひとりが自分の考えを表現し、「共有化」する活動（ノート・プリント記入、発表、作品、話合い、作業など）を取り入れる。

2 単元計画を「焦点化」する

❶ 単元計画の目標を明確にする工夫をする
❷ 目標を「焦点化」した単元を工夫する

❶ 単元計画の目標を明確にする工夫をする

ここでは、実際の指導案を作成するための工夫を紹介します。まず、それぞれの単元の授業を行うにあたり、単元計画、単元の評価計画、そして、1時間の授業構成、1時間の評価計画を作成し、実践する必要があります。その中で、「UDの視点」を取り入れながら、「どの生徒も安心して参加できる」「どの生徒もわかる」授業を仕組む必要があります。

先程、「ＵＤの視点」を四つ入れた指導案について紹介しましたが、1時間の指導案を作成するためは、しっかりとした目標や内容をもとに作成する必要があります。

まず、単元目標については、「知識・技能」「思考・判断・表現」「主体的に学習に取り組む態度」から本単元で身に付けさせたい観点を明確にします。どの単元でどの観点を重点的に評価するかを計画する必要があります。次に、単元を計画するにあたり、単元設定の理由を作成します。そうすることで、単元の目標やどんな資料を活用するのか、生徒が自分の考えを深めるためにどんな活動を取り入れる必要があるのかなどを明確にします。また、単元の目標、単元設定の理由から、単元の評価規準を設定することで、単元を通して「どんなことがわかるようになればよいのか」「どんなことができるようになればよいのか」を「焦点化」します。

具体的な単元目標、単元設定の理由、単元の評価規準を「焦点化」したら、次に単元の指導計画と評価計画を作成します。それぞれ1時間の授業で学習する内容とそれを身に付けさせるための学習活動、その時間の評価規準を「焦点化」します。

このように、「焦点化」した単元計画と評価計画を作成することで1時間の授業に必要なことが明確になります。

❷ 目標を「焦点化」した単元を工夫する

地理的分野「日本の諸地域」の「中部地方」の単元で、産業を中核とした考察を行う学習を例に説明します。「中部地方」の学習を進める際には、それぞれの地域の産業の特色を考察し、「なぜ長野県諏訪地域で寒天づくりがさかんなのか」の課題を通して、「自然環境」「歴史的背景」「地域間の結びつき」から地域的特色の理解を深めさせます。そのために、単元目標、単元設定の理由、単元の評価規準を「焦点化」した指導案を作成します。

【指導案の作成例】

単元名 「日本の諸地域」の「中部地方」

単元目標

○中部地方について、産業を中核とした考察を行い、「自然環境」「歴史的背景」「地域間の結びつき」から地域的特色を理解する。

○中部地方において、地域的特色を「自然環境」「歴史的背景」「地域間の結びつき」に着目して、特色ある産業の取組を多面的・多角的に考察し、表現している。

単元設定の理由

本単元は中部地方の地域的特色について、東海地方、中央高地、北陸地方の産業を、自然や社会的条件などから考察して捉えさせることを目標とする。そのために本単元では、統計資料を活用しながら図表などにまとめる作業を通してそれぞれの産業を中核とした地域的特色について確認する。そして、長野県諏訪地域の「寒天づくり」を取り上げ、「自然環境」「歴史的背景」「地域間の結びつき」などの条件からこの地域の産業について考えさせる。また、グループでの話合い活動も取り入れながら生徒の思考を深めさせる。この「寒天づくり」の授業は、東海地方、中央高地、北陸地方の各地域との結びつきが関係しているので、中部地方の単元のまとめとして適している。

単元の評価規準

○中部地方について、産業を中核とした考察をもとに、「自然環境」「歴史的背景」「地域間の結びつき」から地域的特色を理解している。（知識・技能）

○中部地方について、地域的特色を「自然環境」「歴史的背景」「地域間の結びつき」に着目して、特色ある産業の取組を多面的・多角的に考察し、表現している。（思考・判断・表現）

3　単元計画・評価規準を「視覚化」する

❶ 単元計画を「視覚化」する
❷ 評価規準を「視覚化」する

❶ 単元計画を「視覚化」する

「ＵＤの視点」を取り入れた指導案を作成するためには、しっかりと目標や内容を計画する必要があることを紹介しました。

単元目標、単元設定の理由から、単元の評価規準を設定することで、単元を通して「どんなことがわかるようになればよいのか」「どんなことができるようになればよいのか」

を「焦点化」します。

次に、単元の指導計画と評価計画を作成していきます。

ここで大切なことは、生徒が単元の目標を達成し、学習内容を身に付けるために、生徒が取り組む学習活動を「視覚化」することです。生徒が実際にどんな活動をし、学習内容を身に付けていくのか、授業の実際の様子がわかるように「視覚化」します。

つまり、指導案の単元計画を見たときに「学習内容を身に付けさせるためにどのような学習活動をするのか」がわかるようにします。

また、それぞれの時間の評価規準においても「この授業はこの観点からこんなことができるようになればよいのか」と生徒の行動目標が見えるような内容にする必要があります。

このように、単元の目標、単元設定の理由、単元の評価規準を「焦点化」することで、「焦点化」した内容を単元計画と評価計画に取り入れることができます。実際に生徒が身に付ける必要のある学習内容・活動を明確にします。

1時間の評価規準も具体的に作成し、この授業で必要な学習内容・活動を「焦点化」します。

❷ 評価規準を「視覚化」する

ここでは、地理的分野「日本の諸地域」の「中部地方」で、産業を中核とした考察を行う学習の単元計画と評価計画の作成例を紹介します。

「ＵＤパーツ」その１「見出す段階のパーツ」では、「中部地方」の地域的特色をそれぞれの地方の産業から捉えさせるために、中部地方の三つの地域区分について、生徒にそれぞれの自然環境から図表にまとめさせることで、「知識・技能」について評価します。

「ＵＤパーツ」その２「見通す・追究する段階のパーツ」では、東海地方の中京工業地帯での自動車産業についてまとめさせること、中央高地の果樹栽培や高原野菜の農業についてまとめさせること、北陸地方の伝統工芸などの地域の産業についてまとめさせることで、「知識・技能」「思考・判断・表現」について評価します。

「ＵＤパーツ」その３「広げる段階のパーツ」では、長野県諏訪地域の「寒天づくり」を取り上げ、「思考・判断・表現」を評価します。

このように単元で評価する内容を「視覚化」することで、１時間の授業で評価する活動を生徒にも「視覚化」して提示することができます。

単元名「日本の諸地域」の「中部地方」
単元の指導計画と評価計画 【5時間扱い】

段階	学習活動（◇）・内容（・）	評価規準
見出す	1 中部地方の自然環境 ◇中部地方を自然環境に着目して三つの地域区分の各地域の特色を図表などにまとめる。 ・中部地方の地域区分	［知・技］ 冬季の気温や降水量に注目して、東海地方、中央高地、北陸地方の地域的特色を意欲的に図表などにまとめようとしている。
見通す・追究する	2 東海地方の産業 ◇自動車産業を中核に、中京工業地帯の地域的特色を考察し、発表する。 ・工業から見た東海地方の特色 3 中央高地の産業 ◇盆地と火山麓の農業を比較し、それぞれの特色を表にまとめる。 ・産業から見た中央高地の特色 4 北陸地方の産業 ◇冬季積雪と深い関連をもつ事例を読み取り、その背景を考え、発表する。 ・産業から見た北陸地方の特色	［思］ 中京工業地帯の様々な工業が結びついて自動車産業を成り立たせていることに気づき、発表している。 ［知・技］ 西部の盆地では果樹栽培が、東部の火山麓では高原野菜の抑制栽培がさかんであることに気づき、まとめている。 ［思］ 北陸地方が冬季の積雪によって稲の単作地域となったことを踏まえて、地域の産業の中から冬の期間の労働に関わる内容について考えて、発表している。 ［知・技］ 中部地方の地域的特色について理解している。
広げる	5 長野県諏訪地域の産業 ◇「なぜ長野県諏訪地域で寒天づくりがさかんなのか」についてグループで話し合い、発表する。 ・「なぜ長野県諏訪地域で寒天づくりがさかんなのか」についての考えと中部地方の地域的特色の理解を深める。	［思］ 「なぜ長野県諏訪地域で寒天づくりがさかんなのか」について、「自然環境」「歴史的背景」「地域間の結びつき」の視点から考察し、自分の考えを記述している。

4 自分の考えを「共有化」する活動を入れる

❶ 指導案を「焦点化」「視覚化」する
❷ 生徒が自分の考えを「共有化」する活動場面を設定する

❶ 指導案を「焦点化」「視覚化」する

1時間の授業で「どんな学習活動を仕組むことで、どんな学習内容を身に付けさせていくこと」のかを「焦点化」した指導案を作成します。

基本的には、1時間の授業の指導案はA4 1枚で収まる内容にします。評価規準とその内容を達成させるために必要な主な学習内容・活動を明確にします。そして、「UDの視点」を取り入れることで、どの生徒も参加でき、わかる授業にします。評価する観点は一つに絞り、評価する場面を明確にします。校内での授業研修など行う際に、指導案の内容が細かくなりすぎて、指導案づくりにとても時間をかけている先生を見かけます。また、その指導案通りに授業をしなくてはいけないと必死になっている先生を見かけることもあります。指導案を作成する際に、一番大切なことは、この授業で生徒が行う学習活動と身に付けさせる学習内容を「焦点化」「視覚化」することです。教師側が指導案を作成することについても「UD化」する必要があります。

❷ 生徒が自分の考えを「共有化」する活動場面を設定する

1時間の授業の指導案作成のために、まず1時間の授業で評価する内容の評価規準を設定します。「日本の諸地域」の「中部地方」の単元のまとめでは、「なぜ長野県諏訪地域で寒天づくりがさかんなのか」という課題について、生徒が「自然環境」「歴史的背景」「地域間の結びつき」の視点から考察し、ノート・ワークシートに記述した内容を「思考・判断・表現」の観点から評価します。

「15分UDパーツ」その1「つかむ段階のパーツ」では、「学習環境の整備」をして授業をスタートします。これまで学習した中部地方の地域的特色について振り返り、寒天（ところてん）を見せながら「めあて」を「焦点化」します。

「15分ＵＤパーツ」その２「つくる段階のパーツ」では、「なぜ長野県諏訪地域で寒天づくりがさかんなのか」について、自分の考えをタブレットを活用して「視覚化」させ、「自然環境」「歴史的背景」「地域間の結びつき」の視点からまとめさせます。その後、グループでの話合い活動を通して、「共有化」の場面を仕組むことで自分の考えを深めさせます。また、タブレットを活用して、グループで出された考えを発表させる場面も仕組むことで、学級での「共有化」もできます。

「15分ＵＤパーツ」その３「まとめる段階のパーツ」では、「なぜ長野県諏訪地域で寒天づくりがさかんなのか」という課題について、生徒がノート・ワークシートに記述した内容を「思考・判断・表現」の観点から評価します。

単元名「日本の諸地域」の「中部地方」

本時の評価規準と観点

「なぜ長野県諏訪地域で寒天づくりがさかんなのか」について、「自然環境」「歴史的背景」「地域間の結びつき」の視点から考察し、最終的な自分の考えをノートに記述している。（思考・判断・表現）

本時の展開

段階	学習活動（◇） 内容（・）	指導上の留意点・具体の評価規準
つかむ	1 中部地方の地域的特色 ◇これまで学習した中部地方の地域的特色について振り返る。 ・東海地方、中央高地、北陸地方の産業の特色 ◇寒天（ところてん）づくりの日本一はどこか予想させる。 ・原料の天草の生産地を知ること、寒天づくりの日本一が長野県諏訪地域であることを知ること	学習環境の整備 バック等の身の回りの整理整頓 ・中部地方の地図の活用、これまでの学習内容をタブレットで提示しながら確認させる。 ・寒天（ところてん）、棒寒天の実物、天草の写真を見せる。 焦点化　本時の「めあて」の確認
	めあて 「なぜ長野県諏訪地域で寒天づくりがさかんなのか」グループでまとめよう	
つくる	2 長野県諏訪地域の寒天づくり ◇「なぜ長野県諏訪地域で寒天づくりがさかんなのか」について、4人グループでの話合い活動を行う。 ・長野県諏訪地域で寒天づくりがさかんな理由 〈視点〉 ・自然環境　・歴史的背景 ・地域間の結びつき ◇グループで話し合ってまとめた意見をタブレットにまとめ、発表する。 ・三つの視点から出されたグループの考え	・「話合いマニュアル」を活用して、活動をスムーズに進めさせる。 ・三つの視点が出るようにヒントとなる資料を配布する。 視覚化　タブレットの活用 ・タブレットを活用して、意見をまとめ発表させる。 共有化　グループの意見
まとめる	3 長野県諏訪地域の「寒天づくり」を通した中部地方の地域的特色 ◇話合いでまとめたことを参考にして、自分の考えを記述する。 ・「なぜ長野県諏訪地域で寒天づくりがさかんなのか」についての考えと長野県諏訪地域の地域的特色の理解を深める。	本時の評価 ［思］「なぜ長野県諏訪地域で寒天づくりがさかんなのか」について、「自然環境」「歴史的背景」「地域間の結びつき」の視点から考察し、自分の考えを記述している。

5　単元、1時間の授業を評価するための場面を設定する

❶ 1時間の授業の評価場面を設定する
❷ 単元を通して三観点の評価場面を設定する

❶ 1時間の授業の評価場面を設定する

授業を評価する際に、1時間の授業の中で「知識・技能」「思考・判断・表現」「主体的に学習に取り組む態度」の三観点をすべて評価することはとても難しく、現実的ではありません。そこで、評価する内容については、生徒が1時間で「どんなことがわかればよいのか」「どんなことができればよいのか」など、具体的なものを一つ決めて評価すること

が望ましいです。また、毎時間の授業で評価するのではなく、単元の学習を通して、どの場面で何を評価するかを決めておく必要があります。「どんなことがわかればよいのか」「どんなことができればよいのか」などを「焦点化」することで、生徒はどんなことを表現できればよいのかを理解し、安心して授業に参加することができます。

1時間の授業の中で評価する場面は、第2章の6で紹介した「15分ＵＤパーツ」その3「まとめる段階のパーツ」で設定するとわかりやすいです。

本時の「めあて」に対して、生徒がどこまで理解できたのかが重要です。生徒には「本時の『めあて』について、自分でわかったことを書いてください」と伝えます。どのくらいノート・ワークシートに記述できているかを評価します。その際、教師側は評価規準を明確しておく必要があります。

❷ 単元を通して三観点の評価場面を設定する

次に、単元を通して「知識・技能」「思考・判断・表現」「主体的に学習に取り組む態度」の三観点を評価するための場面の設定について紹介します。

「UDパーツ」その1「見出す段階のパーツ」では、「焦点化」した課題を解決するための学習活動・内容の振り返りを記述させたノート・ワークシートから「主体的に学習に取り組む態度」を評価します。

「UDパーツ」その2「見通す・追究する段階のパーツ」では、ノート・ワークシートの記述や小テスト等から課題を解決するために必要な「知識・技能」が身に付いているかを評価します。その後、課題の解決に向けての「思考・判断・表現」を行う学習活動・内容の振り返りから評価します。

「UDパーツ」その3「広げる段階のパーツ」では、単元の始めに自分が考えていた内容と単元の終わりに自分が考えた内容を比較することを通して、学習活動・内容を身に付けるために取り組んだことをノート・ワークシートに振り返らせ、記述させます。この振り返りの内容から「主体的に学習に取り組む態度」を評価します。

このように、単元を通して三観点を評価する必要があります。単元には大単元や小単元があるので、単元に応じて、「内容のまとまり」を意識しながら、教師側が「この単元は『知識・技能』を重視しよう、この単元は『主体的に学習に取り組む態度』を重視しよう」など、計画的にバランスよく評価します。教師側に留意してほしいことは、「評価のための評価にならないようにすること」「評価の材料を多く集めようとして、教師側の負担が大きくなりすぎないようにすること」です。これでは、評価する意味がなくなり、教師側が大変になるだけです。評価についても無理なく「ＵＤの視点」で「焦点化」します。

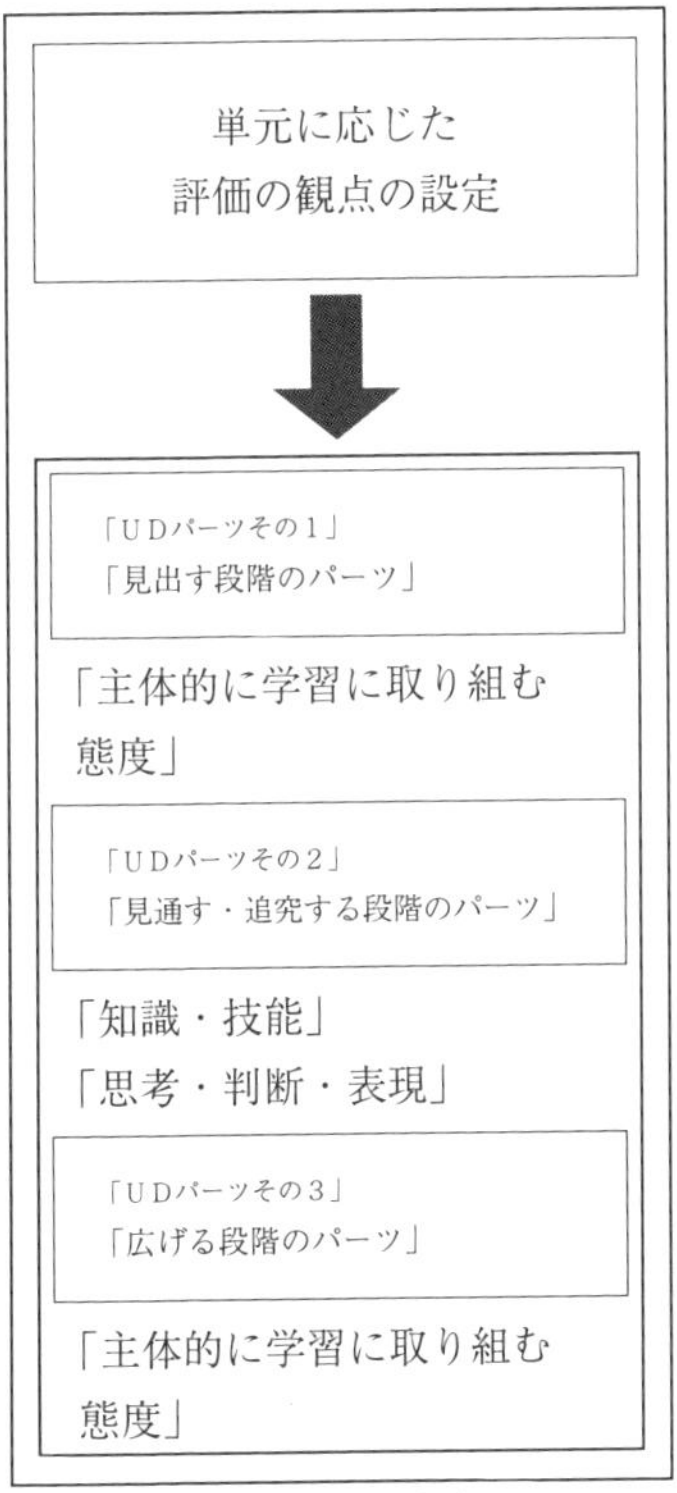

「ＵＤの視点」
評価場面の「焦点化」

第4章

「UDの視点」でつくる社会科授業の実践例

1 タブレットを活用して「焦点化」されたまとめをする「UD」の授業

地理的分野「日本の諸地域」の「九州地方」

■本時の評価規準と観点

「なぜ福岡県は観光業や工業がさかんなのか」について、「自然環境」「歴史的背景」「地域間の結びつき」の視点から考察し、最終的な自分の考えをノートに記述している。（思考・判断・表現）

■「15分UDパーツ」その1「つかむ段階のパーツ」

この授業では、九州地方の地域的特色を学習します。「なぜ福岡県は観光業や工業がさかんなのか」について判断し、その根拠を考えさせることで、九州地方の地域的特色について認識を深めることをねらいにします。

まず、博多駅、福岡空港、自動車工場などの写真をタブレットで提示します。そして、福岡県の観光客、工業出荷額のグラフを提示して、「なぜ福岡県は観光業や工業がさかんなのか」について考えるという「めあて」を「焦点化」します。

なお、授業の始めに「学習環境の整備」をします。

■「15分ＵＤパーツ」その2「つくる段階のパーツ」

次に、「めあて」に対して、教科書、地図帳、参考資料等を活用させ、ノートに自分の考えを記述させます。

その後、「話合いマニュアル」を活用して、グループでの話合い活動の時間を設け、他者の考えを聞くことで、自分の考えを深めます。

ここでは、「自然環境」「歴史的背景」「地域間の結びつき」の三つの視点からまとめていくことが必要です。三つの視点を「視覚化」するために大型テレビで提示します。また、グループで出された意見をまとめて発表するために、タブレットを活用します。

生徒は「視覚化」を意識し、タブレットでグループでの意見をみんなが見やすいように文字の大きさや色なども考えながらまとめます。

また、「なぜ福岡県は観光業や工業がさかんなのか」について、グループで話し合わせます。それぞれの意見を「共有化」する場面を設定することで、どの生徒も参加でき、自分の考えを発表することができます。

■「15分UDパーツ」その3「まとめる段階のパーツ」

最後に、本時の「めあて」に対して、グループでの話合い活動を通して、生徒それぞれの意見を「共有化」し、最終的な自分の考えをノートに記述させます。

また、ノートに本時でわかったことや感想を書かせることで、本時の学習の振り返りを行い、福岡県の地域的特色について理解が深められたことを確認します。

単元名「日本の諸地域」の「九州地方」
本時の評価規準と観点

「なぜ福岡県は観光業や工業がさかんなのか」について、「自然環境」「歴史的背景」「地域間の結びつき」の視点から考察し、最終的な自分の考えをノートに記述している。（思考・判断・表現）

本時の展開

段階	学習活動・内容	学習活動を促す手立て・評価場面
つかむ	1　これまで学習してきた九州地方の地域的特色について振り返る。 ・自然環境、人々の生活、産業の特色 2　福岡県の観光客、工場の分布の様子を予想させる。 ・アジアからの観光客、自動車工場等の分布から福岡県は観光業や工業がさかんであることを知ること	学習環境の整備 バック等の身の回りの整理整頓 ・九州地方の地図の活用、これまでの学習内容をタブレットで提示しながら確認させる。 ・博多駅、福岡空港、自動車工場の写真を見せる。 焦点化　本時の「めあて」の確認
	めあて　「なぜ福岡県は観光業や工業がさかんなのか」グループで発表しよう	
つくる	3　「なぜ福岡県は観光業や工業がさかんなのか」について、4人グループによる話合い活動を行う。 ・福岡県で観光業や工業がさかんな理由 〈視点〉 ・自然環境　・歴史的背景 ・地域間の結びつき 4　グループで話し合ってまとめた意見をタブレットにまとめ、発表する。 ・三つの視点から出されたグループの考え	・「話合いマニュアル」を活用して、活動をスムーズに進めさせる。 ・三つの視点が出るようにヒントとなる資料を配布する。 視覚化　タブレットの活用 ・タブレットを活用して、意見をまとめ発表させる。 共有化　グループの意見
まとめる	5　話合いでまとめたことを参考にして、自分の考えを記述する。 ・「なぜ福岡県は観光業や工業がさかんなのか」についての考えと、福岡県の地域的特色の理解を深める。 6　本時の学習内容の振り返りを記述する。 ・本時の学習活動・内容について考える。	・これまでの考えを参考にしながら、最終的な考えをまとめさせる。 本時の評価 ・振り返りはノートを活用させる。

2 ホワイトボードによる「視覚化」でまとめをする「UD」の授業

地理的分野「地域の在り方」

■本時の評価規準と観点

「国内旅行に行くならどの地域がおすすめか」について、いくつかの視点から考察し、最終的な自分の考えをノートに記述している。（思考・判断・表現）

■「15分UDパーツ」その1「つかむ段階のパーツ」

これまでの学習で、生徒たちは「世界の諸地域」「日本の諸地域」には、地域的特色があることを理解しています。この授業では、ホワイトボードを活用した意見交換を通して、「国内旅行に行くならどの地域がおすすめか」について判断し、その根拠を考えることで、「地域の在り方」についての認識を深めることをねらいにします。

まずは、これまでの「日本の諸地域」の学習で取り上げた視点について、タブレットを活用して、キーワードや写真資料を提示します。そして、「国内旅行に行くならどの地域がおすすめか」という「めあて」を「焦点化」します。

■「15分ＵＤパーツ」その2「つくる段階のパーツ」

次に、教科書、地図帳、資料集、これまでのノート等を活用させ、自分の考えを記述させます。

生徒がこれまで学習してまとめた内容を振り返りながら、どこかの地域を選んでまとめる必要があるため、特別な支援が必要な生徒には「自分の中で一番印象に残ったり、興味をもったりした地域はどこですか」などの問いかけが必要です。

この課題は正解がないので、生徒に安心して自分の考えをまとめるように伝える必要があります。

また、これまで学習してきたことをもとに、「自然環境」「交通」「文化」「産業」「地域の発展のための取組」など、地域を選ぶ視点を教師が提示し「焦点化」します。そうすることで、生徒が地域を選びやすくなり、いくつかの視点からまとめられるようになります。

そして、グループでの話合い活動を行うことで、生徒一人ひとりがノートにまとめた意見を「共有化」します。生徒は、自分がなぜこの地域を選んだかについて提示された視点をもとに発表・意見交換をします。

生徒が話合い活動で「共有化」し、まとめた意見はグループごとにホワイトボードを活用して「視覚化」し、グループの意見として発表します。

■「15分UDパーツ」その3「まとめる段階のパーツ」

最後に、本時の学習の「めあて」に対して、グループでの話合い活動で「共有化」したことを参考にさせながら、最終的な自分の考えをノートに記述させます。

また、ノートに本時でわかったことや感想を書かせることで、本時の振り返りをさせ、それぞれの地域にある地域的特色について確認します。

単元名 「地域の在り方」
本時の評価規準と観点

「国内旅行に行くならどの地域がおすすめか」について、いくつかの視点から考察し、最終的な自分の考えをノートに記述している。(思考・判断・表現)

<table>
<tr><th>段階</th><th>学習活動・内容</th><th>学習活動を促す手立て・評価場面</th></tr>
<tr><td rowspan="2">つかむ</td><td>1 これまでの学習を想起させ、本時の「めあて」を聞く。
・「国内旅行に行くならどの地域がおすすめか」について確認する。</td><td>学習環境の整備
バック等の身の回りの整理整頓
・前時までのノートなどを活用させる。
焦点化 本時の「めあて」の確認</td></tr>
<tr><td colspan="2">めあて 「国内旅行に行くならどの地域がおすすめか」グループで決めよう</td></tr>
<tr><td>つくる</td><td>2 「国内旅行に行くならどの地域がおすすめか」についてグループで話合いを行う。
(1)自分の考えとその理由を確認する。
・「国内旅行に行くならどの地域がおすすめか」について考える。
(2)国内旅行に行くならどの地域がおすすめか」について話合いを行う。
・選んだ地域について、明確な視点をもって理解を深める。
〈視点〉
・自然環境 ・交通 ・文化
・産業 ・地域の発展のための取組
(3)グループで話し合ってまとめた意見を発表する。</td><td>・これまでのノートなどを活用して、自分の考えとその理由について確認するように指示する。
・自分の考えとは違う視点から考えを深めさせる。
・話合いでまとまった意見をホワイトボードに記述させる。
・話合いでまとまった意見をホワイトボードに記述させ、実物投影機を活用して大型テレビで発表させる。
視覚化
ホワイトボード、実物投影機の活用
共有化 グループの意見</td></tr>
<tr><td>まとめる</td><td>3 話合いでまとめたことを参考にして、自分の考えを記述させる。
・最終的に「国内旅行に行くならどの地域がおすすめか」について理解を深める。
4 本時の学習内容の振り返りを記述する。
・本時の学習活動・内容について考える。</td><td>・生徒に最終的な考えをまとめさせるために、板書にあるホワイトボードを活用させる。
本時の評価
・振り返りはノートを活用させる。</td></tr>
</table>

3 課題を追究するために「視覚化」した資料を活用した「UD」の授業

地理的分野「世界の諸地域」の「アジア州」

■単元目標

○アジア州の経済の成長の背景にある工業化が進んだ理由と課題について理解している。

○アジア州の経済の成長に着目して、工業化が進んだ理由と課題について多面的・多角的に考察し、表現している。

■本時の評価規準と観点

・アジア州の急速な工業化による発展課題とアジア州の地域的特色について、単元の始めと終わりの学習の振り返りから生徒がノートに記述した内容で評価する。（主体的に学習に取り組む態度）

■「ＵＤパーツ」その１「見出す段階のパーツ」

この段階では、アジア州の経済成長の背景にある工業化が進んだ理由についてまとめることで、アジア州（特に中国・インド）の工業化についての考えを深め、追究する意欲や問題意識をもつことをねらいにします。そのために、既習知識や教科書、資料集などからアジア州の国々について知っていることをノートにまとめさせます。次に、「アジア州の国々（特に中国・インド）の工業化が進んだ一番の理由は何か」について自分の考えをノートに記述させます。

■「ＵＤパーツ」その２「見通す・追究する段階のパーツ」

この段階では、アジア州の自然環境、人口分布などの資料を読み取り、白地図などにまとめ、理解することをねらいにします。そのために、アジア州の自然環境などの概要について、「アジア州の降水量」「アジア州の人口分布」のグラフを読み取らせ、アジア州の工業化の背景には自然環境と関連があることをノートに記述させます。

次に、東、東南アジアの経済成長の特色などをグラフから読み取らせ、白地図などにまとめ、理解することをねらいにします。そのために、「中国とインドの人口の変化」を比較させます。また、マレーシア、タイのグラフから工業化が進んだことを読み取らせ、人口や輸出品の変化の様子についてノートに記述させることでアジア州の経済成長について考えさせます。

さらに、「アジア州の国々（特に中国・インド）の工業化が進んだ一番の理由は何か」について、これまで活用した白地図やグラフ、教科書、資料集などを参考にまとめさせ、グループで話合い活動を行い、発表させます。その後、最終的な自分の考えをノートに記述させます。

■「UDパーツ」その3「広げる段階のパーツ」

この段階では、これまでの学習内容を振り返りながら、アジア州の急速な工業化の課題とアジア州の地域的特色についてまとめ、理解することをねらいにします。白地図から工業化が進む沿海部と工業化が遅れている内陸部の格差が拡大していることを読み取らせ、この格差が社会問題になっていることを理解させます。インドについても、自動車産業などで工業化が進んだ都市部と農村に暮らす人々の生活の様子から、中国と同様の課題があることを理解させます。

単元名「世界の諸地域」の「アジア州」
単元計画及び評価計画

段階	学習活動・内容	評価規準（観点）
見出す	1 アジア州の国々で知っていることをまとめる。また、アジア州の国々（特に中国・インド）の「工業化が進んだ理由」について発表する。 ・アジア州の国々の様子を理解する。 ・アジア州の経済が急速に成長してきたことを理解する。 ・アジア州の国々（特に中国・インド）の「工業化が進んだ理由」について理解を深める。	・アジア州の国々（特に中国・インド）の「工業化が進んだ理由」についてノートにまとめ理解している。（知識・技能）
見通す	2 アジア州の自然環境などの概要について、白地図作業を行う。 ・自然環境、人口分布などの概要を理解する。 3 アジア州の経済成長の概要について、白地図作業を行う。 ・東アジアと東南アジアの経済成長の特色などを理解する。	・自然環境、人口分布などの概要をグラフから読み取り、白地図などにまとめ理解している。（知識・技能） ・東アジアと東南アジアの経済成長の特色などをグラフから読み取り、白地図などにまとめ理解している。（知識・技能）
追究する	4 「アジア州の国々（特に中国・インド）の工業化が進んだ一番の理由は何か」についてグループでの話合いを行い、発表する。 ・アジア州の国々（特に中国・インド）の「工業化が進んだ理由」について、明確な視点をもとに理解を深める。	・アジア州の国々（特に中国・インド）の「工業化が進んだ理由」について、明確な視点をもって理解し、その内容をノートに記述している。（思考・判断・表現）
広げる	5 アジア州の「工業化による課題」について、白地図作業を行い、わかったことをまとめる。 ・「工業化による課題」のまとめからアジア州の地域的特色を理解する。	・「急速な工業化による課題」について考えを深め、アジア州の地域的特色について理解している。（知識・理解） ・アジア州の「工業化」を通して、アジア州の地域的特色についてワークシートに記述している。（主体的に学習に取り組む態度）

4　タブレットを活用し、「視覚化」「共有化」する「UD」の授業

歴史的分野「古代までの日本」

■本時の評価規準と観点

「大仏は建立すべきか」について、いくつかの視点から考察し、最終的な自分の考えをノートに記述している。（思考・判断・表現）

■「15分UDパーツ」その1「つかむ段階のパーツ」

この授業では、古代の文化と東アジアとの関わりについて学習し、仏教の伝来によって、様々な文化に影響があったことに気づかせます。

タブレットを活用した意見交換を通して、奈良時代における文化を代表する大仏について、建立すべきかどうか判断し、その根拠を考えることで、奈良時代の文化の特色について、自分の考えを深めることをねらいにします。

そこでまずは、奈良時代の文化、特に仏教に関係のある建築物などの写真をタブレットで提示します。そして奈良時代の仏教文化の代表である大仏の建立をすべきか否かという課題についてグループで決めるという「めあて」を「焦点化」します。

■「15分ＵＤパーツ」その２「つくる段階のパーツ」

次に、教科書、資料集等を参考にして、ノートに自分の考えを記述させます。古代の授業では、生徒の自由な思考を大切にする必要があるため、生徒がまとめている意見については「この考えはとてもよいですね」と認め、どの生徒も安心して書けるようにします。

ここではタブレットを活用して、「大仏は建立すべきか」について、自分の考えを「視覚化」させ、その理由を考え、まとめさせます。タブレットを活用することは、本当に伝えたいことを「焦点化」する上でも有効な活動になります。

「大仏は建立すべきか」について、生徒がまとめた内容をもとに、教師側で賛成か反対かの視点を「焦点化」すると、生徒の視点が明確になり、有効です。

そして、タブレットを活用して、グループでの話合い活動を行わせることで、それぞれの立場の意見を「共有化」させます。自分がなぜこの立場からの意見をもったのかを発表させます。

グループでの話合い活動においては、それぞれの意見をタブレットで「共有化」させます。そのため、どの生徒も参加でき、自分の考えを発表・意見交換をすることができます。

■「15分UDパーツ」その3「まとめる段階のパーツ」

最後に、グループでの話合い活動で意見交換をさせ、「共有化」したことを参考に、最終的な自分の考えをまとめ、ノートに記述させます。

また、ノートに本時でわかったことや感想を書かせることで、本時の振り返りを行い、奈良時代の文化が仏教の影響を受けていること、その文化が現代にもつながっていることを確認させます。

単元名「古代までの日本」
本時の評価規準と観点

「大仏は建立すべきか」について、いくつかの視点から考察し、最終的な自分の考えをノートに記述している。（思考・判断・表現）

本時の展開

段階	学習活動・内容	学習活動を促す手立て・評価場面
つかむ	１　前時までの学習を想起させ、本時の「めあて」を聞く。 ・「『大仏は建立すべきか』グループで決めよう」について確認する。	学習環境の整備 　バック等の身の回りの整理整頓 ・前時までのノートなどを活用させる。 焦点化　本時の「めあて」の確認
	めあて　「大仏は建立すべきか」グループで決めよう	
つくる	２　「大仏は建立すべきか」についてグループで話合いを行う。 (1)自分の考えとその理由をタブレットにまとめる。 ・「大仏は建立すべきか」について考える。 (2)「大仏は建立すべきか」について話合いを行う。 ・賛成か反対かについて、明確な視点をもって理解を深める。 〈視点の例〉 賛成　・仏教中心の国づくりに必要なため 　　　・人々の心を和ませるため 反対　・費用、時間、人材が多く必要になるため 　　　・畑など他に必要なものがあるため (3)グループで話し合ってまとめた意見を発表する。	・前時までのノートなどを活用して、自分の考えとその理由について確認するように指示する。 ・自分の考えとは違う視点から考えを深めさせる。 ・タブレットを活用して自分の考えをまとめさせる。 視覚化　タブレットの活用 ・話合いでまとまった意見をタブレットで作成させ、大型テレビを活用して発表させる。 共有化　グループの意見
まとめる	３　話合いでまとめたことを参考にして自分の考えを記述させる。 ・最終的に「大仏は建立すべきか」について理解を深める。 ４　本時の学習内容の振り返りを記述し、次時についての説明を聞く。 ・本時の学習活動・内容について考える。 ・次時で扱う平安京について知る。	・生徒に最終的な考えをまとめさせるために、これまでの意見を参考にさせる。 本時の評価 ・振り返りはノートを活用させる。 ・平安京について確認させる。

5

「ポジショニングマップ」を活用した「UD」の授業

歴史的分野「武家政治の動き」

■本時の評価規準と観点

「室町文化を代表するものは金閣か銀閣か、武家文化か公家文化か」について、いくつかの視点から考察し、最終的な自分の考えをノートに記述している。（思考・判断・表現）

■「15分UDパーツ」その1「つかむ段階のパーツ」

始めに「机は揃っていますか」「机の上には筆記用具、教科書、ノート、資料集だけ置くようにしてください」「今日はグループワークをするので机の横の荷物は片付けてください」などと伝えて、「学習環境の整備」をしてから授業をスタートします。

この授業では、室町時代の文化の学習を通して、時代によって文化にはそれぞれ特色があることに気づかせます。ホワイトボードを活用した「ポジショニング活動」での意見交換を通して、「室町文化を代表するものは金閣か銀閣か、武家文化か公家文化か」について判断し、その根拠を考えることで、室町時代の文化の特色について認識を深めることをねらいにします。

室町時代の文化、特に金閣、銀閣の写真をタブレットで提示し、「室町文化を代表するものは金閣か銀閣か、武家文化か公家文化か」という「めあて」を「焦点化」します。

■「15分ＵＤパーツ」その２「つくる段階のパーツ」

次に、「めあて」に対する自分の考えを、教科書、資料集等を参考にさせ、ノートに書かせます。

ここで、自分の考えを「視覚化」させるために、ホワイトボードを活用した「ポジショニング活動」を取り入れ、自分の考えがどのあたりに位置するのかを考えさせます。

まず、「室町文化を代表するものは金閣か銀閣か」について、左右のどのあたりにマークを置くかを考えさせます。迷っている生徒は真ん中付近に置きます。

次に、「室町文化を代表するものは武家文化か公家文化か」について、上下のどのあたりにマークを置くかを考えさせます。迷っている生徒は真ん中付近に置きます。

生徒は、この二つの課題について自分の考えに近いところにマークを置きます。４人グループであれば、四つのマークがそれぞれの考えに近いところに置かれます。

そして、グループでの話合い活動を通して「共有化」させ、「自分がなぜ、そこにマークを置いたのか」を発表させます。「自分がなぜ、そこにマークを置いたのか」という話合いは、どの生徒も参加でき、自分の考えを発表することにつながります。

■「15分ＵＤパーツ」その3「まとめる段階のパーツ」

最後に、本時の学習の「めあて」に対して、「ポジショニング活動」を行います。グループでの話合い活動を通して「共有化」したことを参考に、最終的な自分の考えをノートに記述させます。

また、ノートに本時でわかったことや感想を書かせることで、本時の振り返りを行い、室町文化が民衆に広がり、現代にもつながっていることを確認させます。

単元名「武家政治の動き」
本時の評価規準と観点

「室町文化を代表するものは金閣か銀閣か、武家文化か公家文化か」について、いくつかの視点から考察し、最終的な自分の考えを記述している。（思考・判断・表現）

本時の展開

<table>
<tr><th>段階</th><th>学習活動・内容</th><th>学習活動を促す手立て・評価場面</th></tr>
<tr><td rowspan="2">つかむ</td><td>1　前時までの学習を想起させ、本時の「めあて」を聞く。
・「『室町文化を代表するものは金閣か銀閣か、武家文化か公家文化か』決めてみよう」について確認する。</td><td>学習環境の整備
バック等の身の回りの整理整頓
・金閣、銀閣について、タブレットで提示されたものを確認させる。
焦点化　本時の「めあて」の確認</td></tr>
<tr><td colspan="2">めあて　「室町文化を代表するものは金閣か銀閣か、武家文化か公家文化か」決めてみよう</td></tr>
<tr><td>つくる</td><td>2　金閣、銀閣の特色についてグループで話し合う。
・「なぜ、金閣には金箔が貼られているのか」「なぜ、銀閣には銀箔が貼られていないのか」について考える。

3　「室町文化を代表するものは金閣か銀閣か、武家文化か公家文化か」について話合いを行う。
(1)自分の考えとその理由を記述する。
・「室町文化を代表するものは金閣か銀閣か、武家文化か公家文化か」について考える。
(2)「室町文化を代表するものは金閣か銀閣か、武家文化か公家文化か」について、４人グループで話合いを行う。
・選んだ理由について、武家、公家の視点から理解を深める。
〈ホワイトボード〉
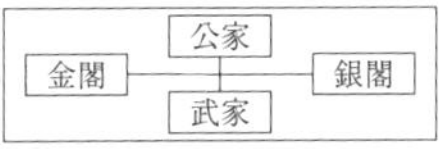

(3)グループで話し合ってまとめた意見を発表する。
・グループの考えを確認する。</td><td>・前時までのノートや年表などを活用して、自分の考えとその理由について確認させる。
・グループでの活動で自分の考えを深めさせる。

・武家、公家との関連を考えながら自分の考えをまとめさせる。

・自分の考えとは違う視点から考えを深めさせる。
・自分の考えをホワイトボードを活用して決めさせる。
視覚化　ホワイトボードの活用

・話合いで決まった考えをホワイトボードを活用して発表させる。
共有化　グループの意見</td></tr>
<tr><td>まとめる</td><td>4　話合いでまとめたことを参考にして自分の考えを記述させる。
・最終的に「室町文化を代表するものは金閣か銀閣か、武家文化か公家文化か」について理解を深める。

5　本時の学習内容の振り返りを記述し、次時についての説明を聞く。
・本時の学習活動・内容について考える。
・次時の民衆の文化の広がりについて知る。</td><td>・これまでの考えを参考にしながら、最終的な考えをまとめさせる。

本時の評価
・振り返りはノートを活用させる。
・民衆の文化の広がりについて確認させる。</td></tr>
</table>

6 生徒が考えを問い直す「UD」の授業

歴史的分野「条約改正と日清・日露戦争」

■単元目標

○戦争に向かう時期や社会の生活の変化に着目して、日清・日露戦争について多面的・多角的に考察し、表現している。

○戦争に向かう時期や社会の変化について、日清・日露戦争を通して主体的に追究・解決しようとする。

■「UDパーツ」その1「見出す段階のパーツ」

この段階では、開国時に結んだ条約内容が日本にとって不利益であることを理解することをねらいにします。

まず、「ノルマントン号事件」の風刺絵を提示し、解説を読み、船長の裁判について話し合わせ、「なぜ日本にとって不利な条約が結ばれたのか」について考えさせます。

■「UDパーツ」その2「見通す・追究する段階のパーツ」

この段階では、条約を改正するために、日本が近代化政策として取り組んだ自由民権運動、憲法制定、国会の開設までの様子を理解することをねらいにします。そのために、「条約改正に必要なことは何か」について考え、年表の中から、必要となる歴史的事象を調べ、日本の近代化政策の様子を学習プリントにまとめさせます。

また、「日清戦争の原因と結果」について考え、日本の国内の様子を工業の発達の面も理解させながらまとめます。

■「UDパーツ」その3「広げる段階のパーツ」

【1回目のディスカッション】

ここでは、「日清・日露戦争はすべきだったか」について判断し、その根拠を明確にすることで、日清・日露戦争について様々な論点から考えることがねらいです。

これまで学習した、条約改正の必要性、近代化政策の様子、日清・日露戦争の内容を振り返って、日清・日露戦争は「すべきだった」「すべきでなかった」「どちらでもない」の三つの立場から、自分の立場を決めてワークシートにその理由を記述させ、ディスカッションを通して意見交換を行わせます。

最後に、教師側で準備した資料のプリントや意見交換で出された意見を教師がまとめて「焦点化」した内容をもとに、生徒は1回目の自分の立場とその理由を記述します。

【2回目のディスカッション】

ここでは、「日清・日露戦争はすべきだったか」について2回目のディスカッションを通して判断し、その根拠を考えることで、日清・日露戦争について考えを問い直すことをねらいにします。

このディスカッションでは、1回目に「焦点化」した論点をもとに、日清・日露戦争について三つの立場から意見交換を行います。

最後に、本時で出された論点をまとめて、最終的な自分の立場を決めさせて、ワークシートにその理由を記述させます。

単元名「条約改正と日清・日露戦争」
単元計画及び評価計画

段階	学習活動・内容	評価規準（観点）
見出す	1 ノルマントン号事件と不平等条約について話し合う。 ・条約の内容である領事裁判権を認めていることが、日本に不利益であることを理解する。	・条約が日本に不利益であることについてノートにまとめ理解している。（知識・技能）
見通す	2 どのような取組をして条約が改正されていったかを話し合う。 ・日本が近代化を進めるために行った自由民権運動の様子、憲法制定、国会の開設までの様子を理解する。	・どのような取組をして条約が改正されていったかをノートにまとめ理解している。（知識・技能）
追究する	3 日清・日露戦争の内容とその影響について調べ、学習プリントを作成する。 ・日清・日露戦争の原因や結果、国内に与えた影響（工業）などを理解する。	・日清・日露戦争の内容とその影響についてノートにまとめ理解している。（知識・技能）
	4 「日清・日露戦争はすべきだったか」についてディスカッションを行う。（1回目） ・日清・日露戦争についての認識を深めさせ、様々な論点から価値判断をさせる。	・「日清・日露戦争はすべきだったか」について判断し、その根拠をワークシートに記述している。（思考・判断・表現）
広げる	5 「日清・日露戦争はすべきだったか」について資料プリントを活用してディスカッションを行う。（2回目） ・1回目の論点を「焦点化」した資料から、日清・日露戦争についての認識を深めさせ、価値判断をさせる。	・「日清・日露戦争」はすべきだったかについて「焦点化」された論点から判断し、その根拠をワークシートに記述させる。（思考・判断・表現）

7　2段階のディスカッションで「主体的に学習に取り組む態度」を評価する「UD」の授業①

公民的分野「法に基づく公正な裁判の保障」

■単元目標

○法に基づく公正な裁判の保障に着目して、裁判員制度について多面的・多角的に考察し、表現している。

○法に基づく公正な裁判の保障について、国民の司法参加である裁判員制度について学び、主体的に関わろうとしている。

■本時の評価規準と観点

・単元の始めと終わりに行う2回のディスカッションを通して、学習の振り返りについて生徒がワークシートに記述した内容で評価する。（主体的に学習に取り組む態度）

■「ＵＤパーツ」その１「見出す段階のパーツ」

【１回目のディスカッション】

この段階では、裁判には国民が参加する裁判員制度があることを知り、ディスカッションでの意見交換を通して、裁判員制度の是非について根拠をもとに考え判断し、裁判員制度についての認識を深めることをねらいにします。

裁判員制度に関する新聞記事を導入で提示し、裁判員制度は必要かについて、自分の立場とその理由をワークシートに記述させます。

次に、それぞれの立場からディスカッションを通して意見交換を行わせ、１回目の自分の立場とその理由を記述させます。

■「ＵＤパーツ」その２「見通す・追究する段階のパーツ」

この段階では、実際に裁判の様子と裁判に関わる人々の役割、立場を理解させ、裁判の在り方を考えることをねらいにします。

まずは模擬裁判をロールプレイ形式で行い、自分なりの判決とその理由を学習プリントに記述させます。この学習活動を通して、実際の裁判の様子を理解させ、裁判に関わる人々の役割、立場を理解させ、裁判の在り方について考えを深めさせます。

次の段階では、法に基づく公正な裁判の保障と裁判員制度について理解を深めることをねらいにします。

裁判所に関する事象について調べ、その中で、刑事裁判・民事裁判の仕組みの違い、三審制はなぜ必要なのかを人権を守る視点から考えさせ、学習プリントに記述させます。

■「UDパーツ」その3「広げる段階のパーツ」

【2回目のディスカッション】

この段階では、裁判員制度の是非について、ディスカッションを通して判断し、その根拠を考えることで、裁判員制度についての考えを問い直すことをねらいにします。

この2回目のディスカッションにおいては、1回目のディスカッションや「見通す・追究する段階のパーツ」で身に付けた内容をもとに、自分の立場を決めさせてワークシートにその理由を記述させます。

単元名「法に基づく公正な裁判の保障」

単元計画及び評価計画

段階	学習活動・内容	評価規準（観点）
見出す	1　裁判員制度についての新聞記事を用いて、裁判員制度の是非についてのディスカッションを行う。（1回目） ・国民が参加する裁判員制度があることを理解する。 ・裁判員制度について認識を深める。	・裁判員制度の是非について判断し、その根拠をワークシートに記述している。（思考・判断・表現）
見通す	2　実際の裁判の様子について、模擬裁判をロールプレイ形式で行う。 ・裁判に関わる人々の役割や立場を理解する。 ・模擬裁判でどのような問題があったかなどの内容を理解する。	・実際の裁判の様子について理解させ、裁判の在り方について問題点をワークシートに記述している。（思考・判断・表現）
追究する	3　裁判所に関係する事象について調べ、学習プリントを作成する。 ・裁判所の種類、三審制、司法権の独立などを理解する。 ・諸外国における陪審制や参審制などを理解する。 4　裁判員制度について調べ、ワークシートを作成する。 ・裁判員制度の内容を理解する。	・法に基づく公正な裁判の保障と裁判員制度についてノートにまとめ理解している。（知識・技能） ・裁判員制度について具体的な内容をワークシートにまとめている。（知識・技能）
広げる	5　裁判員制度の是非についてのディスカッションを行う。（2回目） ・裁判員制度についての認識を深めさせ、価値判断させる。	・裁判員制度の是非について判断し、その根拠をワークシートに記述している。（思考・判断・表現） ・裁判員制度を通して法に基づく公正な裁判の保障についてワークシートに記述している。（主体的に学習に取り組む態度）

8

2段階のディスカッションで「主体的に学習に取り組む態度」を評価する「UD」の授業②

公民的分野「財政および租税の役割」

■単元目標

○財政および租税の役割に着目し、消費税について多面的・多角的に考察し、表現している。

○財政および租税の役割について、身近な消費税について考えることを通して主体的に社会に関わろうとしている。

■本時の評価規準と観点

・消費税についての2回のディスカッションを通して、単元の始めと終わりの学習の振り返りについて生徒がワークシートに記述した内容で評価する。（主体的に学習に取り組む態度）

■ＵＤパーツ」その１「見出す段階のパーツ」

【１回目のディスカッション】

この段階では、消費税の税率を上げることの是非について、議論の視点と問題点に気づかせます。そして、ディスカッションでの意見交換を通して、消費税の税率を上げることの是非について根拠をもって考え判断し、消費税についての考えを深め、追究する意欲や問題意識をもつことをねらいにします。

そこで、まずは消費税の税率を上げることに関する資料を提示し、消費税の税率を上げるべきかについて自分の立場とその理由をワークシートに記述させます。

次に、それぞれの立場からディスカッションを通して意見交換を行い、１回目の自分の立場とその理由を記述させます。

■「ＵＤパーツ」その２「見通す・追究する段階のパーツ」

この段階では、租税に関する事象を追究し、現在の租税について理解することをねらいにします。

租税に関する事象について調べさせ、ヨーロッパ諸国を中心とした諸外国の税の様子や直接税・間接税の割合、現在の日本の租税の問題点について、これまで調べてまとめた内容をもとに自分の考えをワークシートに記述させます。

次に、租税と財政の関わりを理解し、財政のよりよい在り方を考えることをねらいにします。財政の果たす役割や財政の内容について調べ、公共投資、公共サービスの内容、所得格差、景気に関連した財政政策などをワークシートにまとめさせます。

また、これまでの学習をもとに「税は何に使われるのがよいと思うか」についての自分の考えを記述させます。

■「UDパーツ」その3「広げる段階のパーツ」【2回目のディスカッション】

この段階では、消費税の税率を上げるべきかについて、ディスカッションを通して根拠をもって考え判断し、消費税についての考えを問い直すことをねらいとします。この2回目のディスカッションにおいては、1回目のディスカッションや「見通す・追究する段階のパーツ」で身に付けた内容をもとに、自分の立場を決めてワークシートにその理由を記述させせます。

単元名「財政および租税の役割」

単元計画及び評価計画

段階	学習活動・内容	評価規準（観点）
見出す	１　消費税の税率を上げることについての資料を用いて、消費税の税率を上げることの是非についてのディスカッションを行う。（１回目） ・消費税の税率を上げることの是非を議論することを理解する。 ・消費税に関する議論の視点と問題点に気づく（現在の租税制度、諸外国の様子、少子高齢化など）。	・消費税の税率を上げることの是非について、その根拠をワークシートに記述している。（思考・判断・表現）
見通す	２　国民はどんな租税を納めているかを調べ、学習プリントにまとめる。 ・租税に関する事象（税の種類、税の歴史、納税の方法、諸外国との比較、租税の問題点など）を理解する。	・租税に関する事象を追究させることで、現在の租税についてワークシートにまとめ理解している。（知識・理解）
追究する	３　国民の租税はどんなところに使われているのか、また、どんなところに使うべきかを調べ、発表する。 ・財政の果たす役割（公共投資、公共サービス、所得格差の是正、財政政策など）を理解する。	・租税と財政の関わりを理解し、財政のよりよい在り方についてワークシートに記述している。（思考・判断・表現）
広げる	４　消費税の税率を上げることの是非についてのディスカッションを行う。（２回目） ・消費税の在り方についての認識を深めさせ、価値判断させる。	・消費税の税率を上げることの是非について判断し、その根拠をワークシートに記述している。（思考・判断・表現） ・消費税を通して財政および租税の役割についてワークシートに記述している。（主体的に学習に取り組む態度）

【著者紹介】

鬼木　勝（おにき　まさる）

横浜市立寺尾中学校副校長。特別支援教育士。

上越教育大学大学院学校教育研究科修了。福岡県、横浜市で中学校教員、横浜市教育委員会北部学校教育事務所主任指導主事を経て、現職。

日本社会科教育学会、日本授業 UD 学会、日本 LD 学会会員。

著書に『ユニバーサルデザインの視点を活かした指導と学級づくり』（共著、金子書房、2014年）、『子ども熱中！中学社会「活用・探究力」書き込み習得ワーク47』（共著、明治図書、2012年）、『子ども熱中！中学社会「アクティブ・ラーニング」授業モデル』（共著、明治図書、2015年）がある。

中学校社会科授業のユニバーサルデザイン

2023年２月初版第１刷刊　©著　者　鬼　木　　勝
発行者　藤　原　光　政
発行所　明治図書出版株式会社
http://www.meijitosho.co.jp
（企画）中野真実（校正）江﨑夏生
〒114-0023　東京都北区滝野川7-46-1
振替00160-5-151318　電話03(5907)6702
ご注文窓口　電話03(5907)6668

＊検印省略　組版所　株　式　会　社　カ　シ　ヨ

Printed in Japan　ISBN978-4-18-335826-4

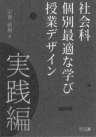

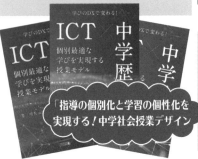

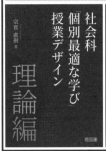